据理必争

教条主义时代中的大学

Standing for Reason
The University in a Dogmatic Age

【美】约翰·塞克斯顿（JOHN SEXTON）◎著
刘虹霞　王慧慧　周雅明◎译　赵中建◎译校

华东师范大学出版社
·上海·

图书在版编目(CIP)数据

据理必争：教条主义时代中的大学/(美)约翰·塞克斯顿著；刘虹霞，王慧慧，周雅明译. —上海：华东师范大学出版社，2021
 ISBN 978 - 7 - 5760 - 1350 - 4

Ⅰ. ①据… Ⅱ. ①约…②刘…③王…④周… Ⅲ. ①高等教育－研究－美国 Ⅳ. ①G649.712

中国版本图书馆 CIP 数据核字(2021)第 035693 号

Standing for Reason by John Sexton
Copyright © 2019 by John Sexton
Foreword copyright © 2019 by Gordon Brown
Robert Berdahl，*Standing for Reason*：*the University in a Dogmatic Age*，April 2019
Simplified Chinese translation copyright ©
East China Normal University Press Ltd.，2021
Published by agreement with Baror International，Inc. and Grosvenor Literary Agency，New York，U.S.A. through The Grayhawk Agency Ltd.
ALL RIGHTS RESERVED

上海市版权局著作权合同登记 图字：09 - 2019 - 349

据理必争：教条主义时代中的大学

著　者	[美]约翰·塞克斯顿
译　者	刘虹霞　王慧慧　周雅明
译　校	赵中建
责任编辑	龚海燕(策划组稿)
	王国红(项目统筹)
审读编辑	张梦雪　李玮慧
责任校对	朱玉媛　时东明
装帧设计	卢晓红
出版发行	华东师范大学出版社
社　址	上海市中山北路 3663 号　邮编 200062
网　址	www.ecnupress.com.cn
电　话	021 - 60821666　行政传真 021 - 62572105
客服电话	021 - 62865537　门市(邮购)电话 021 - 62869887
地　址	上海市中山北路 3663 号华东师范大学校内先锋路口
网　店	http://hdsdcbs.tmall.com
印 刷 者	苏州工业园区美柯乐制版印务有限责任公司
开　本	890×1240　32 开
印　张	8.875
字　数	180 千字
版　次	2021 年 6 月第 1 版
印　次	2021 年 6 月第 1 次
书　号	ISBN 978 - 7 - 5760 - 1350 - 4
定　价	68.00 元

出 版 人　王　焰

(如发现本版图书有印订质量问题，请寄回本社客服中心调换或电话 021 - 62865537 联系)

约翰·塞克斯顿是我们这个时代最杰出的教育家之一,他对政治对话的崩溃进行了深入的分析,并提供了前进的道路——由我们的大学为更有意义的对话制定方向,使其成为解药。这本书使我们对未来充满希望。

——希拉里·罗德姆·克林顿(Hillary Rodham Clinton)

第67任美国国务卿

约翰·塞克斯顿的这本书写得非常及时,对于现实社会具有重要意义。约翰作为名校校长所取得的成就在美国以及全球都得到了充分肯定,他写这本书的目的之一是为了向世人揭示"后真相时代"的危害性。在这个时代里,民众将主观断言混淆为客观事实,无视思考能力的重要性,对政府和社会机构的信任度跌至谷底。约翰不仅对这些不良趋势做了深刻的分析,而且还指出大学可以发挥重要作用抵御不良趋势……当古老的机构纷纷解体,大学依然生存了下来,500年来生存下来的85个机构中,其中七成都是大学。它们之所以可以存活下来,是因为它们是由富有责任心的全球公民来指引方向的。它们守护着自由探索的精神,在弘扬公众对话的重要性以及引导全球化进程两方面发挥着自己的作用。

——戈登·布朗(Gordon Brown)

英国前首相

这本书使我意识到自己对如此坚定的积极见证是多么的渴望。约翰·塞克斯顿的书对黑暗、负能量甚至玩世不恭的浪潮起到了振奋人心的纠正作用。当政治化的美国在"另一方"(不管是海外移民还是在其国内海岸线之间长期生活的有色人种)面前退缩时,庆祝差异的钟声在这里却有力地响起。约翰邀请读者从当下(尤其是美国当下)的混乱和沮丧中抬起头来,看到一个可能的、充满希望的未来。

——詹姆斯·卡罗尔(James Carroll)
《君士坦丁之剑》的作者

约翰·塞克斯顿凭借这本精彩的著作,提供了终生的智慧价值,并向世界各地的领导者提出了挑战。每一页都洋溢着约翰的幽默感、得体气度以及他坚实的良好判断力。我们亟需这样一本重要的书,再及时不过了。

——瓦坦·格雷戈里安(Vartan Gregorian)
纽约卡内基基金会总裁,布朗大学前校长

约翰·塞克斯顿在这本极具挑战性和深远启发性的书中,为我们描绘了未来大学的愿景:即大学应该守护公民对话、细微复杂性和全球跨文化理解。当今的世界迫切需要这三个方面的愿景。这是当代高等教育领域的卓越设计师所怀有的高尚信念。

——乔纳森·萨克斯(Jonathan Sacks)
英国前首席拉比,《差异的尊严》的作者

本书献给我的妻子丽萨，
是她构造了属于我的世界。

也献给我的儿女杰德和凯蒂以及儿媳丹妮尔，
还有我的孙女朱莉娅，艾娃和娜塔莉。
是他们在维持我的世界。

目 录

理性传统与大学理念——读约翰·塞克斯顿著《据理必争：教条主义时代中的大学》/ 童世骏　　001

中文版序：来自大学的世界 / 罗伯特·伯达尔　　021

前言：查理送我踏上求知之路　　031

第一章　教条主义、复杂性及公民对话　　047

第二章　传统大学作为对话的神圣空间　　067

第三章　以普世主义世界为目标的大学　　115

第四章　最终要素：使有意义的入学机会普及大众　　187

结束语　不负于丽萨　　237

致谢	247
注释	251
译者后记 / 刘虹霞	271

理性传统与大学理念

——读约翰·塞克斯顿著
《据理必争:教条主义时代中的大学》[1]

童世骏

华东师范大学哲学系

2019年，美国纽约大学（NYU）老校长约翰·塞克斯顿（John Sexton）在耶鲁大学出版社出版了一本书，题为《据理必争：教条主义时代中的大学》（下文简称《据理必争》）。在这本书中，作者不但将理性传统和大学理念这两个老话题结合起来讨论，而且还将两者之间的关系放到当代社会的现实语境中去考察；不但将两者之间的关系结合高校办学的具体实践去分析，而且还将两者之间的关系作为当今高等教育界名校校长之一自己的个人故事来讲述。对高等教育感兴趣的读者，对当代哲学感兴趣的读者，或对高等教育和当代哲学都感兴趣的读者，此书很值得一读。

一

本书的核心观点是：面对当代世界的理性危机，大学承担着特殊而神圣的使命。作者描述了理性危机在当代世界（尤其是当代美国）的突出表现形式，即所谓"世俗教条论"，强调了大学应对这种危机所处的特殊语境,即日益深化的全球化进程,分析了美国大学应对全球化进程的四种进路,论证了作者所选择的"全球性大学"(the global network university)[2]方案,对批评这种新型大学理念的四种意见进行了一一回应,并且在一个包括求学、从教、办学、信仰、婚姻和公益等方方面面的人生经历的框架之中,讨论大学为守护理性所承担的神圣使命。

在我看来,作者在其特殊语境中所描述的那种理性危机,或许可看做是在世界历史进入现代以来"理性"观念所经历的一个普遍过程的具体结果。现代性发生和发展的一条重要线索,是理性先作为一个实体概念代替造物主,被用来对世界做统一把握,然后作为一个属性概念,被用来对人的信念以及制度和行为进行评价。马克斯·霍克海默尔(Max Horkheimer)在《理性的销蚀》(*Eclipse of Reason*)一书中所述理性的"主观化"和"形式化"过程[3],应该就是随着这个变化而发生的:评价某个信念、制度或行为是否是"理性的",很容易出现马克斯·韦伯(Max Weber)说的那种情况,即"从某一种观点来看是理性的东西,换一种观点来看完全有可能是非理性的"[4]。这种局面最可怕的结果是霍克海默尔在《启蒙辩证法》(*The Dialetic of Enlightenment*)中叹息的那种情况,即"不可能从理性中引出任何反对谋杀的根本性论据"[5]。

但无论是从这个"观点"来看,还是从那个"观点"来看,都可以做进一步区分:在从某"观点"出发提出"意见"的时候,[6]是不是愿意并且能够为该意见提出它得以成立的依据或"理由",哪怕该"理由"只能在某特定"观点"之下适用。在我看来,哲学界最近几十年的一个重要进展,是不少学者似乎不约而同地找到了一条避免在"理性教条论"与"理性怀疑论"甚至"理性失败论"之间做非此即彼选择的思维策略。一方面,承认在不同领域中有不同的理性标准,哪怕是看上去同样的理性标准,当它们运用于特定语境时,也必须做出适用于该语境的具体诠释;另一方面,强调在不同领域中,对一个意见或主张的真正意义上的接受,都只能是依据理由(或依据说服力最强的那个理由)的认可,而不能是出于利益或迫于强权的承受。说得形象一点,近代以来,"理性"从一个单数大写的实体概念"Reason"(理性)出发,经过属性概念"rationality"(合理)的中介,分解成了复数小写的普通名词"reasons"。在经历了这样一个由实而虚、由一而多的"下行"过程以后,"理性"又开出一条由虚返实、由多返一的"上行"之路,一个对不同领域的"reasons"(理由)用同一种"reasonableness"(讲理)的姿态来应对的过程。套用青年马克思一句名言来翻译,理性(Vernunft,reason)现在是以reasonable的形式,而不是以rational的形式出现。[7] 作为这个过程的结果,"理性"(Reason)现在的形态是"讲理"(reasonableness),而后者既预设了作为名词的"reason"或"理由"的重要性,又预设了作为动词的"reason"即"说理"的重要性。"讲理",即对"理由"的运用,固然是要在特定语境中发生的,但只有一个愿意并能够在特殊语境下讲理的人,才能被指望有可能针对这个特殊语境以及超越这个特殊语境进行讲理(或进行批判性反思和对话性商谈)。

上述意义中reason(理性)之"上行"演变的结果,我觉得不仅是美国哲学家约翰·罗尔斯(John Rawls)和斯蒂芬·图尔敏(Stephen Toulmin)在他们学术生涯后期强调的区别于rationality(合理)的reasonableness(讲理),[8]也是德国哲学家尤尔根·哈贝马斯(Jürgen Habermas)所论证的kommunikative Vernunft(交往理性)。[9]我在别处还论证过,在罗尔斯和哈贝马斯的理性观与中国哲学家梁漱溟的理性观之间,也存在着非常重要的相似性。[10]从《据理必争》一书中可以看到,当作者在强调"知情对话对于更广泛公民商谈所具有的中心意义"[11]的时候,当他表示要培养学生的批判性论辩能力[12]的时候,他对所要守护的"理性"其实也做出了与上述几位哲学家类似的理解。

二

当然,约翰·塞克斯顿并不是专业的哲学家(他担任NYU校长之前是该校法学院院长),他这本新书也不是一本哲学论著。但此书的独特价值恰恰就在这里:作者借助于他独特和丰富的成长背景、求学经历和履职经验叙述了"他对理性的守护",同时,对"他所守护的理性"也做出了独特而丰富的阐释。为避免出现我把自己观点强加给别人的嫌疑,下面我将采取谈论自己读书心得的方式,继续讨论《据理必争》一书作者对理性的阐述。

第一,"讲理"的一个重要方式,是"听理"。"讲理"(being reasonable 或 reasonableness)包括"说理",但不等于"说理"。作者本人是说理的高手,他作为校长和作者的雄辩之才在本书中清晰可见,而这显然与他曾经先是辩论队的队员,后是辩论队的教练有很大关系。但值得庆幸的是,作者从参与和指导辩论赛过程中所学到的,不仅仅包括"说"自己之理的能力,还包括"听"别人之理的能力。他在书中写道:"倾听是对他人最深切的尊重表现之一。然而,在社会上和大学校园里,对倾听艺术的关注很少,尤其是怎样倾听那些不同于自己的经历和观点。……这种倾听始于一个真正的愿望,那就是从别人经历中学习并发现他们所拥有的知识。正是这种倾听能力,高校领导需要加以培养。"[13] 正是基于对倾听的重视,作者赞成把"对话的对话"(dialogic dialogue)与"辩驳的对话"(dialectic dialogue)区分开来,而不愿意在对话中把反驳他人观点而非向对方学习作为首要动机。[14] 把塞克斯顿的这种观点与哲学家阿伦·伍德(Allen Wood)在《康德的伦理学》一书中下面这段话联系起来,可以看到塞克斯顿的对话观同时也就是他的理性观:"康德用来表达'理性'的德语词(Vernunft),是从动词 vernehmen 衍生出来的,而后者的意思就是倾听,尤其是理解自己所听到的话。一个理性的人首先是这样一个人,他能够倾听别人,并且在别人提供理由时能够理解别人。"[15]

第二,"讲道理"的一种重要方式,是"讲故事"。做过老师的可能都懂,要想吸引学生的注意、加深学生的记忆,最好的方式是讲一些生动的故事。但"讲故事"更重要的意义还在于它能帮助学生对"讲道理"本身有更深的理解：恰当真实的故事能把抽象的道理放到具体的语境之中；讲者如果能以故事主人公身份讲述，自己是如何在特殊实践中恰当运用某条或某些抽象道理的，听者对道理不仅会感兴趣、记得住，而且会真理解、善运用。本书的主题"理性"可以说是有关道理的道理，因此对其理解会很抽象。但作者是以一种施为的方式（performatively）来阐述他对所要守护的理性的理解，通过一个又一个生动事例来说明现实世界中具有强健生命力的理性是如何展现其意义、发挥其作用的。作为一所中国研究型大学的卸任领导，我最感兴趣的是本书作者在办学过程中面对种种复杂问题的处理方式。在中国办大学与在美国办大学有很大差别，但本书作者所讨论的许多问题，比如公共生活与私人生活的关系，办学活动与治学活动的关系，不同层次的学校、学科和学者要面对的政治与学术的关系，尤其是高校领导在处理这些关系时不可回避要做出判断和决策，至少在方法论上，是与中国语境有许多相通之处和可比之点的。

第三，维护理性传统的一种重要方式，是维护大学传统。作者在第一章提出了当代世界，尤其是当代美国理性危机后，随即就用第二章来讨论，在这样的危机面前，大学这种经得起时间考验的机构，应该承担什么样的特殊使命。作者把该章定名为"传统大学作为对话的神圣空间"，[16] 其中"神圣"二字估计是要表达这样的意思：恰恰在这个宗教教条论式微但"世俗教条论"盛行的时代，大学这个历来以训练批判性思维能力和培育对话性商谈文化为使命的空间,具有了不可亵渎的神圣意义;守护和用好这种空间,需要大学师生,尤其是大学领导者,带着敬畏之心去勇敢面对。与前面的讨论相衔接,大学的位置可以说恰到好处地处于理性的"下行"之道与"上行"之道的交叉点上:当代世界的高等学府,尤其是在美国这样高度现代化的社会当中,既承受了理性由实而虚、由一而多的蜕变结果,也蕴藏着理性由虚返实、由多返一的升华潜力。经历过"理性危机"以及与之相关的"信仰危机""意义危机"等的洗礼之后获得重生的那种理性,已经无法被供奉在某个特定信仰或特定人格的神龛里,只能现身于人们的言论和行为之中。当然,正如马克思在肯定"人们自己创造自己的历史"后强调:"他们并不是随心所欲地创造,并不是在他们自己选定的条件下创造,而是在直接碰到的、既定的、从过去承继下来的条件下创造。"[17] 塞克斯顿在书中表达敬意的那些古老学术传统之所以在当代还有意义,就是因为它们为当代人的活动提供了不可或缺的舞台背景甚至表演剧本。但正如马克思在另一个地方曾说的那样,人既是"他们本身历史的剧中人物",也是"他们本身的历史剧的剧作者"。[18] 历史文化传统影响着当代人们的选择,而当代人们的选择反过来也影响着历史文化传统的未来,同时还影响着它们能否以及如何延续到今后世代。在现代科学技术已经能对从生态环境到人类基因都进行实质性干预甚至不可逆干预的今天,在几乎所有人口都直接或间接受到大学活动影响的今天,大学作为科学研究尤其是人才培养的重要平台之一,已经成为包括大学本身赖以形成和发展的理性传统在内的整个人类文明向何处去的决定性力量。至少,按《据理必争》一书作者更谦逊的说法,"大学是我们扭转渗透在我们社会中的不祥趋势的最大希望。"[19]

第四,维护大学传统的一种重要方式,是创新大学传统。本书把大部分篇幅用在第三章"以普世主义世界为目标的大学"。[20] 作者之所以把阐述"全球性大学"的理念与架构、理据与实践作为本书的重点内容,就是因为在他看来,大学作为公开对话之神圣空间的传统使命在当代世界要得到维护和发扬,它就必须找到适合这个时代的恰当形式。为刻画当代世界的特征,作者把主要被用来刻画经济变化的"全球化"概念,与主要被用来刻画思想变化的"轴心时代"概念,合并为同一个概念即"作为轴心时刻的全球化"(globalization as an axial moment)。[21] 在这个(按作者看法)其世界史意义堪比卡尔·雅斯贝尔斯(Karl Jaspers)所说的公元前五六百年发生的那场根本性变化的时代,在这个一体化与多样化趋势并存、同质化与分裂化的风险兼具、天下同乐与全球灾难随时皆有的世界,"世界向何处去"这个问题怎么回答,很大程度上取决于这个世界未来的主人们,取决于他们有意愿并且有能力引导全球化向何处去,取决于他们有意愿并且有能力引导他们自己及其后代的生活向何处去。在塞克斯顿看来,大学,尤其是研究型大学,尤其是地处像纽约和上海这样国际大都市的高水平研究型大学,有责任为世界未来的主人们胜任其光荣使命创造合适条件。全书最重要的一句话,至少是作者为辩护"全球性大学"理念所做的一个最简明扼要的辩护,大概是他对英国前首相戈登·布朗(Gordon Brown)说的这句话:"这个世界已经逐渐融合成了一个网状的世界,成为这个世界的一部分是大学必然的趋势。因为大学一直以来都是超越国家界限的存在。"[22]

三

在作者和他的同事们所设计的全球性大学的架构中,上海、阿布扎比与纽约是三个最重要的节点,本书作者与本文笔者曾分别服务过的两个学校合作创办的上海纽约大学(NYU Shanghai),作为第一所具有独立法人资格的中美合作创办的大学,是这个架构中三个"门户校园"之一。作为这项中外合作办学事业的参与者和见证者,我不仅欣赏本书作者设计和决策这项事业的眼光和魄力,而且佩服他推进和落实这项事业的智慧和坚韧。我曾有幸与作者同时参加上海纽约大学的一些活动,对他作为校长、教授和社会活动家的敬业、热忱和睿智,留下了深刻印象。《据理必争》中描绘的许多细节重温了我的印象,在过去十多年中,每年 9 月中旬到 5 月上旬,他都会每月两次重复这样一个即使对于年轻教授也是个不小挑战的工作节奏:周五晚上离开纽约去阿布扎比或上海上课,下周一早上又回到纽约的办公室工作。

上海纽约大学的创建基础之一,是纽约大学与华东师范大学(ECNU)之间对当代大学有一些重要的共识。任何合作都要基于合作方之间的基本共识,而在这些共识当中,往往有些是基于相同前提的,有些是基于不同前提的。在不同国家之间、不同文化之间的合作交流当中,基于不同前提的那种共识,即罗尔斯所说的"重叠共识"(overlapping consensus),[23] 即使未必是最能指望的常见共识,也可能是更须珍惜的学习成就。就这一点而言,我们可以对塞克斯顿的这本《据理必争》与华东师范大学创校校长孟宪承在 1934 年出版的《大学教育》[24] 做一个很有意思的比较。

塞克斯顿和孟宪承在他们各自著作中都引用了 19 世纪英国学者约翰·亨利·纽曼(John Henry Cardinal Newman)的著作,都欣赏纽曼提倡的那种通过校园生活和师生互动使学生掌握知识、锻炼思维和陶冶品性的大学理念,但塞克斯顿具有与纽曼同样的天主教背景,而孟宪承则通过引用《礼记·学记》中的相关段落[25] 来表达他对纽曼观点的认可和发挥。塞克斯顿与孟宪承一样不赞成纽曼把教学与科研分开,强调大学除人才培养之外还有科学研究的功能,强调要让本科生也参与和体验科研工作。但塞克斯顿通过引用同道(雅罗斯拉夫·帕利坎,Jaroslav Pelikan)观点主张把纽曼的"the idea of a university"(大学理念)更新为现代研究型大学理念[26]。孟宪承像现代中国著名的大学校长蔡元培一样,特别注重借鉴以柏林大学为典范的德国大学传统,把"智慧的创获"作为"现代大学三理想"之一——不仅与"品性的陶熔"并列,而且还放到它前面去。[27] 孟宪承的"现代大学三理想"的第三项是"民族和社会的发展",在这点上他(以及他所创立的华东师范大学的现任领导们)与塞克斯顿显然也有高度共识。但在具体阐述这个理想时,孟宪承又一次提到德国大学传统,以此强调大学发展与民族复兴之间的密切联系。引用德国哲学家约翰·戈特利布·费希特(Johann Gottlieb Fichte)在1807年12月从被拿破仑攻陷的耶拿赶到柏林大学做系列演讲时说的那句话"恢复民族的光荣,先从教育上奋斗!"。之后,孟宪承解释说:"这就是创立柏林新大学的一个动机。民族复兴,是现在德国一般大学的无形的中心信仰。"[28] 孟宪承应该在原则上也会像塞克斯顿一样赞成大学的任务是培养哲学家奎迈·安东尼·阿皮亚(Kwame Anthony Appiah)所说的"世界主义的爱国者",[29] 但他与塞克斯顿在"世界主义"和"爱国主义"的具体含义,两者的结合方式以及结合比重上有一些不同的看法。但是,尽管有这些不同看法,孟宪承作为创校校长在上海的几所私立大学基础上创建的华东师范大学的几代师生校友,都一直把自己的学校看做是一所"具有爱国主义传统的国际化学府"。华东师范大学人这种根深蒂固的自我认同,想必是华东师范大学与纽约大学成功合作的一个重要前提。对华东师范大学来说,参与包括上海纽约大学在内的一系列国际合作项目,不仅是华东师范大学像纽约大学一样为"帮助学生准备好领导全球化的世界"[30] 而做出的努力,也是华东师范大学为实现其"扎根中国大地办世界一流大学"的使命而做出的努力。考虑到"中华民族伟大复兴"的理想与"人类命运共同体"的理想之间的内在联系,上述两个努力当然应该是同一件事情的两个方面。

作为这两个努力的参与者,我为有本书作者这样的国际合作伙伴而深感荣幸,也为有华东师范大学与纽约大学合作建设上海纽约大学这样的学习过程而深感荣幸。哈贝马斯在20世纪80年代中期对德国人念念不忘的"die Idee der Universität"(大学理念)做批判性反思的时候,曾把体现这种理念要求的那几个"统一"(研究与教学的统一、学术与通识教育的统一、学术与思想启蒙的统一以及各个学科之间的统一)与美国社会学家帕森斯(T. Parsons)所阐述的美国大学的四种功能(分别对应研究生院、职业学院、本科学院和大学教师之"知识分子"身份的科研和科研人才培养功能、职业准备功能、通识教育功能和文化理解暨思想启蒙功能),进行相互诠释,并在此基础上把复杂性程度越来越高的现代大学活动归结为一些其他用交往行动理论来诠释的"Lernprozesse"(学习过程)。[31] 我猜想,塞克斯顿估计会赞成哈贝马斯关于"学习过程"说的这句话:"它们赖以为生的,都是一种自带意外论据之期票(die promissory note des überraschenden Argumentes)的商谈性争辩所具有的那种刺激力与创生力。"[32] 而哈贝马斯如果今天重新讨论大学理念的话,我猜想大概也会赞成我这个说法:在21世纪,在大学所特有的学习过程当中,至少要加上第五个"统一",即发扬本民族优秀传统与借鉴全人类文明成果的统一。

童世骏
华东师范大学哲学系教授
2020年1—2月，家里

注释

1. John Sexton: *Standing for Reason: The University in a Dogmatic Age*, Yale University Press, New Haven and London, 2019. 本书在撰写此序言时参考了刘虹霞等的中译文稿，在此顺致感谢。

2. John Sexton: *Standing for Reason: The University in a Dogmatic Age*, p. 83.

3. Max Horkheimer: *Eclipse of Reason*, Oxford University Press, New York, 1947, p. 6.

4. Max Weber: *The Protestant Ethic and the Spirit of Capitalism*, Translated by Talcott Parsons, with an introduction by Anthony Giddens, Routledge, 2001, London, pp. xxxviii – xxxix.

5. Max Horkheimer & Theodor W. Adorno：*Dialectics of Enlightenment：Philosophical Fragments*，edited by Gunzelin Schmid Noerr，translated by Edmund Jephcott，Stanford University Press，Stanford，California，2002，p. 93.

6. 我在这里对"观点"与"意见"所做的概念区别,来自冯契:"意见分歧不一定是观点的分歧。观点统一,也会产生意见分歧,但在意见分歧中,又往往包含有观点的差异,尤其是在一些重大问题上。所谓观点,就是指一惯性的看法,它贯穿在意见之中,统领着各种意见。一个人有某种观点,他就会老以这种观点为观察问题的视角,对待问题和发表意见时就表现出前后一贯的态度。"见《认识世界和认识自己》,《冯契文集》(增订版)第 1 卷,第 180 页,华东师范大学出版社,2016 年,第 180 页。

7. 马克思在 1843 年 9 月写信给阿诺德·卢格（Arnold Ruge）："Die Vernunft hat immer existiert，nur nicht immer in der vernünftigen Form."（理性总是存在的,但并不总是以理性的方式存在。见 Karl Marx und Friedrich Engels：*Werke*，Band 1，Dietz Verlag Berlin，1981，s. 345）。这句德语原话译成英文有两种译法。根据一种译法,德语短语"*in der vernünftigen Form*"(以理性的方式)被译为"in a reasonable form"。（见 Karl Marx and Frederick Engels *Collected Works*，Volume 3，Lawrence & Wishart Electric Book，2010，p. 143.）根据另一种译法,这个德语短语被译为"in a rational form"。（See *Karl Marx：Selected Writings*，edited by David McLellan，Oxford University Press，Oxford，2000，p. 44.）

8. John Rawls：*Political Liberalism*，Columbia University Press，New York，1996，pp. 49 - 50。参见约翰·罗尔斯：《政治自由主义》，万俊人译，译林出版社，2000 年，第 51—52 页；Stephen Toulmin：*Return to Reason*，Harvard University Press，Cambridge，Mass.，2001，p. 13.

9. Jürgen Habermas：*Theorie des kommunikativen Handelns*，Erster Band，edition suhrkamp，1988，p. 532.

10. Shijun Tong："Reason and *Li Xing*：A Chinese Solution to Habermas' Problem of Moral Motivation"，in *Deprovincializing Habermas-Global Perspectives*，edited by Tom Bailey，Routeledge，London，New York，New Dehli，2013.

11. John Sexton：*Standing for Reason：The University in a Dogmatic Age*，p. 5.

12. John Sexton：*Standing for Reason：The University in a Dogmatic Age*，p. 120.

13. John Sexton：*Standing for Reason：The University in a Dogmatic Age*，p. 31.

14. John Sexton：*Standing for Reason：The University in a Dogmatic Age*，p. 67.

15. Allen Wood：Kantian Ethics，ALLEN W. WOOD，Stanford University，2008，p. 18.

16. John Sexton：*Standing for Reason：The University in a Dogmatic Age*，p. 17.

17. 马克思:《路易·波拿巴的雾月十八日》,《马克思恩格斯文集》,第 2 卷,人民出版社,2009 年,第 470—471 页。

18. 马克思:《哲学的贫困》,《马克思恩格斯文集》,第 1 卷,人民出版社,2009 年,第 607—608 页。

19. John Sexton: *Standing for Reason: The University in a Dogmatic Age*, p. 16.

20. John Sexton: *Standing for Reason: The University in a Dogmatic Age*, p. 62.

21. John Sexton: *Standing for Reason: The University in a Dogmatic Age*, p. 63.

22. John Sexton: *Standing for Reason: The University in a Dogmatic Age*, p. 74.

23. 关于这个概念的讨论,见童世骏:"关于'重叠共识'的重叠共识",《中国社会科学》,2008 年第 6 期。

24. 孟宪承著《大学教育》,商务印书馆万有文库 1934 年版,收入《孟宪承文集》,第 3 卷,华东师范大学出版社,2010 年。

25. "大学之教也,时教必有正业,退息必有居学,……藏焉修焉,息焉游焉。夫然,故安其学而亲其师,乐其友而信其道。"见孟宪承著《大学教育》,商务印书馆万有文库 1934 年版,收入《孟宪承文集》,第 3 卷,华东师范大学出版社,2010 年,第 3 页。

26. John Sexton: *Standing for Reason: The University in a Dogmatic Age*, p. 135.

27. 孟宪承著《大学教育》,商务印书馆万有文库 1934 年版,收入《孟宪承文集》,第 3 卷,华东师范大学出版社,2010 年,第 2—4 页。

28. 孟宪承著《大学教育》,商务印书馆万有文库 1934 年版,收入《孟宪承文集》,第 3 卷,华东师范大学出版社,2010 年,第 5 页。

29. John Sexton: *Standing for Reason: The University in a Dogmatic Age*, p. 76.

30. John Sexton: *Standing for Reason: The University in a Dogmatic Age*, p. 136.

31. Jürgen Habermas: "Die Idee der Universität: Lernprozesse", 见 Jürgen Habermas: *Eine Art Schadensabwicklung*, Suhrkamp Verlag, Frankfurt am Main, 1987, pp. 73 - 99。

32. Jürgen Habermas: *Eine Art Schadensabwicklung*, p. 96.

中文版序:来自大学的世界

罗伯特·伯达尔(Robert Berdahl)

得克萨斯大学奥斯汀分校前校长,
加州大学伯克利分校前校长,以及美国大学协会前主席

在给美国哲学家理查德·罗蒂（Richard Rorty）所致的悼词中，罗蒂的德国朋友和哲学家哈贝马斯这样评价他："在生命的尽头被问及什么是'神圣'，这位最严格的无神论者回答道……'我对神圣的感觉是希望在遥远的某一天我的后裔生活在一个全球文明中，在那里爱几乎是唯一的法律'。"

正如本书所示，这些话也可以用来评价约翰·塞克斯顿，一个有信仰的人。因为，尽管这本书讲的是美国大学的性质、面临的挑战和前景，以及它们可以为美国和全球社会所做出的贡献，但这本书也很个人化。这是一本由一个自称为"毫不掩饰的泰尔哈德乐观主义者"所著的书：他有信仰，他在书里写道："在全球社区中重塑人类的知识、文化和精神认同，同时保持着成熟的个性意识，那么所有人都会实现更全面的共同认同感。"

约翰·塞克斯顿是一所顶尖大学的校长。在其前任校长的工作基础上，他推进了纽约大学追求卓越的动力，在不到四十年的时间里，纽约大学已经从一所优秀但不是特别杰出、主要为来自纽约市的学生服务的大学发展成为一所拥有全球影响力的著名研究型大学。正如我在伯克利大学的同事大卫·柯普（David Kirp）所说："当代美国高等教育的成功故事非纽约大学莫属。"

在约翰长期担任法学院院长和大学校长期间，纽约大学招募了世界级的学者和艺术家，提高了学生的素质，同时筹集了数十亿美元来改进学校的学术项目。值得注意的是，在他担任院长和校长期间，他继续从事着他所选择的职业：教学。有时候，他同一时期会在纽约、阿布扎比或者上海三个校园开设课程，每隔一个周末飞往阿布扎比授课，周五晚上离开纽约，下周一早上返回。这本书是他思想和经验的产物。其中最重要的是，他拥有对21世纪大学未来发展的热情。

每个熟悉约翰的人都知道，他的知识之旅始于一所耶稣会高中，布鲁克林预科学校，他在那里跟随查理·威南斯（Charlie Winans），一位知识广博、教学技巧丰富的老师，特别擅长吸引聪明的青少年男孩们投入他的课程。约翰从查理那里了解了教条主义是如何干扰理性的思想和对话。也是因为查理，约翰才开始将教学视为崇高的，可能也是神圣的职业。查理鼓励他将自己的才华投入到校际辩论中去，塞克斯顿认为这是他生命中最具成长意义的经历，使他对理性的对话充满热情。而查理也激励学生们去探索一切不熟悉的、非常规性的，甚至是不舒适的东西——"弹钢琴要多弹一个八度"，他告诫学生们。这都是约翰后来带入他职业生涯以及这本书中的经验。

基于其个人经历的视角，约翰发现了当代美国大学所面临的四个主要挑战。他把第一个挑战描述为"世俗教条主义"——已经入侵了公共领域,感染了公共话语,并威胁着大学。塞克斯顿本人经历了从青年时期狭隘的天主教信仰到由梵蒂冈第二次大公会议激起的基督教普世运动,由此也构成了他拒绝任何由世俗教条主义所定义的思想。他警觉地注意到,在过去的三十年里,美国社会如何加剧分化成不同意识形态性的信仰——红蓝阵营,本土和外来,共和党和民主党——以及 2016 年的大选是如何进一步加剧这些分歧的。不受事实或理性支持的论断及其衍生出的政策规划使得真正的公共对话不再成为可能。简单化和喊口号已经取代了在解释和解决最棘手的社会问题时的细微差别和复杂性。

在公共对话里,特别是当美国总统如此贬低对真理的承诺时,大学就有特殊的责任作为反作用力,向全社会宣告这些奠定了大学根基的主张:所有的知识都是积累得来的,是建立在他人的贡献之上的;大学工作在本质上是对话性的、批判性的和合议的;所有新知识的论断都必须是透明的,可测试的;对学术的最终考验是时间,那些挑战当前思维范式的观点可能最终会被证明是真实的。因此,怀疑的精神和谦卑的态度是必须拥有的。

鉴于教条主义的疾病也可以感染大学这个事实,约翰看到的第二个挑战是需要保留大学为自由和开放话语所提供的神圣空间。大学作为这样的神圣空间所面临的威胁来自学校内外。自从"9·11事件"以来,美国联邦政府由于过分重视国家安全而阻止外国学者进入美国的情况时有发生。最近,唐纳德·特朗普

(Donald Trump)总统签署了关于穆斯林国家访客的禁令极大地减少了来自世界各地的国际学生的流动。联邦资金对科学研究投入的缩减以及特朗普政府对科学本身的攻击使得大学的工作更加复杂,也限制了大学运作的自由程度。

在约翰看来,对话性的神圣空间是包容的空间,让来自主流思想之外的声音也能得以表达并且被倾听。从深刻的层面来看,我们的大学一直是,也应该是这样的地方:历史上被排除在对话的权利之外的群体——女性、有色人种和其他遭受边缘化的人——能够表达自己的地方。自由表达对于大学来说是必不可少的,但同样地,讨论的规则以及基于理性、事实和证据的论证也是极为重要的。根据我的经验,除了一些明显例外的情况,当发言者忽视这些规则时,当他们意图激发和鼓励爆发性的情绪反应时,他们通常会遭到大声的抗议或被阻止发言。大学不能限制言论,但应坚持遵守相关对话的规则。

虽然大学的所有成员都有责任保护大学作为远离正统和教条思想的神圣对话空间,但是大学的领导者们承担着特殊的责任。塞克斯顿概述了这项责任的性质,因为它与大学的领导者息息相关。作为纽约大学的校长,他总结道:"(校长)应避免公开表达与大学核心使命无关的任何问题的看法,这是极为重要的。否则将损害大学校长的道德权威,破坏(他或她)承诺作为对话空间守护者的可信度。"比起塞克斯顿,有些校长对于那些与大学核心使命相关的问题会解释得更为广泛,但是大多数美国大学的校长都会遵守这一原则。

为了应对第三个挑战——全球化,约翰已经为高等教育做出了他最重要的、最具创新性的,有时也是最具争议性的贡献。他把自己对全球化看法的哲学基础追溯到他在福特汉姆大学读研时的导师尤尔特·卡曾斯教授(Ewert Cousins)身上。尤尔特借鉴了雅斯贝尔斯的观点,认为公元前 800 年至公元前 200 年是轴心期,是历史的转折点,在这个时期,个体意识和道德理解几乎同时在中国、印度、中东和希腊出现。尤尔特写道:"轴心时期所带来的变化是如此激进,影响了文化的方方面面,因为它改变了意识本身。"随之而来的是基督教、伊斯兰教、启蒙运动和科学革命。塞克斯顿写道,它带来了一种个人认同感,并"渗透到当今世界的各个文化中"。

约翰认为我们现在正处在第二个轴心时期的开端。虽然第一个轴心时期导致了个性化,或者用皮埃尔·泰亚尔·德·夏尔丹(Pierre Teilhard de Chardin,汉名:夏尔丹)的说法,即导致了"分歧",但是第二个轴心期将导致"趋同"。约翰认为全球化是夏尔丹所描述的"全球文明化",将世界更紧密地联系在一起并创造新的相互依赖关系。他写道:"人类现在占据了我们星球上所有易于居住的地区,而现在的通讯和交通系统意味着群体不再能够完全脱离世界。相反地,人类在地球社区中被挤压成更亲密的联系。即使差异和分裂的强大力量使我们彼此对立,我们还是被吸引到一个全球性社会。"

面对全球化带来的挑战,约翰选择做一个乐观主义者,同时他也发出警告:"我们确实知道,如果我们想要持久地塑造全球化的力量,我们必须拥抱差异,理解和对话。"而这个对话的场所就在大学里。全球化伴随着密集的城市化,全球性的城市也就变成了"思想之都",吸引着人才和创造力。通讯和交通的便利造就了世界公民,他们能够坦然面对差异感,了解不同的地方和文化。

约翰坚持认为,大学必须抓住这个轴心时刻,教育学生成为这个趋同世界的公民。不同的大学将以不同的方式进行响应——有些将在其结构和地点上保持传统,有些则会为学生和教师交流创造新的机遇,还有一些大学将会结成全球同盟,加强世界各地大学学者的流通。有几个大学将效仿约翰在纽约大学建立的模型,他将这称之为"全球教育体系"。

在中国政府和阿布扎比政府的支持下,纽约大学在上海和阿布扎比建立了完整的通识教育和研究生教育校园。这两所学校不是传统意义上的"分校",而是通过学生和教师的流通体系与纽约大学的纽约校园相互联系的独立的大学。学生通过纽约、阿布扎比和上海这三个门户校园之一进入纽约大学,也可以在遍布六大洲的 11 个学习中心求学。他们可以在纽约大学的其他地点学习至多三个学期,但是要在他们进入纽约大学的那个门户校园毕业。按照设计,纽约大学阿布扎比校园(NYUAD)的学生来自 100 多个国家和地区,其中只有不到 15% 的学生来自阿拉伯联合酋长国,上海纽约大学则由 50% 的中国籍学生和 50% 来自世界其他地方的学生构成。

我在纽约大学阿布扎比校园任教了三个"一月份学期"(J-term)的课程,从我在那里认识的学生和教师来看,纽约大学的全球风险投资正在收获成功。教师群体富有多元化,且致力于纽约大学阿布扎比校园和全球大学的使命。学生们很优秀,与世界上任何一所大学的学生相比,有过之而无不及。他们自己期望是全球公民,他们跨越不同的文化界限开拓工作,在不同的社会和文化环境中自如地流动。他们代表着我们全球未来的最佳状态。

约翰提出大学所面临的第四个挑战是财务问题。在这个方面,约翰对公众关于高等教育财务现实的误解提出了一系列重要的修正。他很适当地呼唤人们注意公众对于政府财政支持高等教育的态度发生了重大变化:半个世纪前,公众视高等教育为对于培养有良好教育的公民是至关重要的,因而政府应该给予良好支持的"公共物品"(public goods)。但现在,公众认为高等教育主要是使接受高等教育的个人获益,因此应由学生及其家人买单。约翰明确地区分了教育的"成本"——大学为学生提供教育需要付出什么——以及教育的"价格"——学生需要为他或她所接受的教育付出什么。约翰破除了一些关于学生债务的假象。他告诫我们不要轻易接受这样的概念,即技术能够提供与传统的学习结构质量相当的廉价替代品。技术固有自己的一席之地,它可以强化学习,它可以补充课堂体验,但它无法复制充满活力的、亲自参与的体验。约翰警示道,在一个财富差距日益增大的时代,加深这些差异的危险在于:"只有那些缺乏社会关系的、信息匮乏的,或者穷人家庭的孩子才会被局限于在网络上上大学,而其他人的孩子则能够在传统上实力很强而且在技术上得到扩展的学校上大学并获益。"

约翰概述了一个新的项目,出于重视学生在确定大学志愿与自己能力和志向是否相匹配的过程中,他成立了大学咨询团(College Advising Corps),由近期毕业的、接受过培训的大学生为高中学生提供咨询服务,帮助其寻找合适的大学以及完成申请流程。在和纽约大学合作的那些高中里,这个项目对大学的入学率产生了巨大影响,其中一所高中一年内的大学入学率上升了71%。

我们可以通过一个系统让更多值得的学生接受大学教育,这包括将学生匹配于最有可能使其取得最大学术成就的学校机构,再结合制定合理支付方式的计划,包括适度增加政府支持和依照毕业生收入水平偿还政府债务计划。正如约翰所说的,"今天,我们容忍了这样可耻的财富集中,但我们必须避免明天我们会容忍希望集中(在某个特权阶级)。"

正如我前文所述,这是一本非常个人化的书。像开篇时一样,本书在结尾处向另一个对约翰的生活和工作有重大意义的人致敬。约翰的旅程始于他敬爱的老师查理,是他带领约翰走向了圆满充实的事业。然后约翰与他深爱的已故妻子丽萨继续他的旅程,一起度过了圆满充实的生活。约翰以富有启发性的热情,在本书中对两者进行了动人的呈现。

前言：查理送我踏上求知之路

我写这本书之前走过的路,弯弯曲曲,真像纽约大学所在地(纽约市)格林威治村最拐弯抹角的那条街。村里老居民们乐意看到游客或纽约老城外的那些居民(住曼哈顿十四街以上)在到达西十街(West 10)交接西四街(West 4)时的一脸迷茫(两条街不再是平行)。在那路口,他们困惑地问道:"我去哪儿呢?"当我追溯这本书里要表达的观点,想道出它们的来龙去脉时,我问自己:"我从哪儿说起呢?"

让我先从查理·威南斯说起吧。大多数在生活中取得一定成功的人们,特别是那些获得幸福充实生活的人们,都会追溯到一个引路人。对我来说,那个人是查理。我进入布鲁克林一所很不错的耶稣会高中时,我第一次见到他。那是1955年,他刚从哥伦比亚大学博士毕业,做高中老师。

查理长得很引人注目,即使在最拥挤的房间人们也不会错过他,大个子,头发过早变白。当他留胡子时,即使年纪轻轻,也酷似肯德基炸鸡广告上的桑德斯上校。查理声音深沉而有共鸣,他说话铿锵有力,任何竞争对手都会相形见绌。还有,他是一个不言而喻的圣人,充分享受上帝给予的乐趣,这可是好意说他。他经常去看戏,听歌剧或交响乐,之后还要吃吃喝喝,折腾到凌晨三点,接着六点钟赶去参加教堂弥撒。他最亲密的朋友之一曾这样写他:"他有奥逊·威尔斯(Orson Welles)的身体,詹姆斯·厄尔·琼斯(James Earl Jones)的声音和圣方济各亚西西(Saint Francis of Assisi)的灵魂。"

耶稣会知道,查理是个奇才,身在俗世,却愿意将他一生奉献给教学事业(他经常约会,但从未结婚)。他们知道只派他教英语和历史——尽管他教了,还相当出色——这很屈才。当然,他还应该指导戏剧和演说。但除此之外,耶稣会再琢磨,这个男子汉的奇才还应该充分发挥在学校的其他活动里。于是,他们组织了一个课外班,由12个学生组成,包括我在内,由查理授课。三年里,一周五天,每天一小时。这个班莫名其妙就叫"查理"。

从一开始,这个班的学生就知道这绝对是特殊的,尽管我们根本不知道他要教什么内容。的确,这个班就像一架飞机,有自己特殊的航线。这一点,从查理在第一课发出的第一句话就可以清楚地听出来了:"小伙子们,在你们俩第一次约会时,要发现她的智商。美丽会消失,但彼此谈得来的需要却永远不会。"

然后,神奇之旅开始了。记住,那是1955年,还没有人谈论跨学科课程或以欧洲为中心的世界观。除了查理,没有别人。我们通过了解洞穴壁画和原始打击乐,直至最终阅读杰克逊·波洛克(Jackson Pollack)和阿隆·科普兰(Aaron Copland),考察和学习数千年来的历史、文学、艺术和音乐。

查理像所有优秀的教师一样,了解他的学生。有这样一节课,我印象至深。我们研究了古埃及的历史,并阅读了《死者之书》(*Book of the Dead*)和莎士比亚的《安东尼与克莉奥佩特拉》(*Anthony and Cleopatra*)。以埃及音乐配音,查理用一台投影仪在教室墙上展示吉萨金字塔。他说:"小伙子们,你们永远不会看到这些金字塔,因为你们无法开车到那里。"他还真知道我们的局限。"但是咱们南边也有金字塔,你们可以乘车到达,它们是由一个伟大的文明建造的。世面上大多数人还都谈论不多,因为英国没有抢夺这些金字塔填放在他们的博物馆。"1957 年,他就这样和我们谈论艺术的起源了。

查理常用一个短语,督促我们充分体验生活:"弹钢琴要多弹一个八度。"他的解释其实是一个指令:"如果有琴键你没有碰过,伸手触摸它们。如果有食品你还没有品尝过,如果有音乐你还没有听过,如果有地方你还没有看过,如果有他人的故事你还不知道,那就主动去了解,充分体验世上各种奇观,拓展视野。只要它是合法和道德的,新东西至少尝试一次。"

请记住他这句话:"弹钢琴要多弹一个八度。"这是我在职业生涯中大部分成事的基础,也是我在本书中大部分立场的基点。

查理还有另外一个教诲,深刻地影响了我。"考虑教书,小伙子们。这是所有职业中最高尚,最充实的。"这些话语——以及查理赋予它们的寓意——从他说出来的那一刻起就抓住了我的身心。近六十年来,我实践了这些话语所包涵的真理。

也正是查理把我引入竞争性辩论的世界,并敦促我积极参与辩论。他其实与学校辩论活动无关,这是学校的一项主要课外活动。的确,作为戏剧教练,查理与辩论队的教练在竞争物色学生才华这件事上显示了他对我的了解。他把我的成长放在首位,不惜把我从他自己的轨道上抛出来。

辩论以难以想象的方式打开了我的世界——智力,社交,甚至精神,它给我提供了成长教育中最重要的元素。高四那年,我成为全美高中辩论冠军。这个成就,以及其他,引起了另一位优秀的教育家蒂莫西·希利(Timothy Healy)神父的注意。他后来成为乔治城大学很有名望的变革性校长。但在1959年他还是福特汉姆大学相对年轻的牧师,一心物色和培养罗德学者,他以此为目标招收我上福特汉姆大学。

我父亲在我大学一年级的时候去世了。出于某种原因,也许是被查理对教学职业的呼唤所启发(我在高四那年曾尽力指导我的高中辩论队),也许是对我父亲的死亡做出某种反应,我径直坐地铁到我妹妹就读的布鲁克林天主教女子高中[1],建议创办一个辩论队。我向校长保证,女孩子们会学到很多东西,她们会赢得全国冠军,她们会更好地体验人生,而且我会筹集资金让辩论队参加全国各地的顶级赛事。

当校长接受我的提议时,他也就促成了我未来十五年的生活框架。每学年我投入将近100个小时(通常包括从周四下午到周日晚上外出差旅)到我们所谓的"社团"里。辩论其实只占用了一部分时间,主要是赛季前后。其余时间,我们复制查理的套路,研读历史、文学、艺术和音乐。夏天,我们偶尔结队游览密西西比河以西的国家公园(每次旅行的高潮都是徒步来回约 25 公里的大峡谷光明天使小径,直插峡谷的深处)。在夏夜,我们常会在纽约中央公园里的莎士比亚剧场看戏或在路易斯安剧场里听交响乐,当然还去麻省的坦格活德(Tanglewood)度过一个周末,听波士顿交响乐团演奏。

我为这些年的经历感到非常骄傲。我最为骄傲的是那些年轻女性,她们真的获得了全国冠军——五连冠——并且都获得了大学奖学金,成为各自领域的领导者,其中一位后来成为汉密尔顿学院校长,也成了我的同事。

然而,这个故事也有不光彩的一面。希利神父非常生气,因为我从不在校园里和他碰面。由于我很少上课,我的教授们也很不高兴(当时,他们都在记录学生的出勤),我的成绩受到了影响,任何获得学术荣誉的希望也都消失了。即使我在高中辩论的教学生涯中崭露头角并取得了巨大成功,但我却是勉强以 GPA(成绩平均绩点)2.1 的成绩从大学毕业(也许更高,但肯定是从 2 开始)。

1963 年 4 月,也就是大学毕业前几周的一天,希利神父在我穿过校园中心时拦住了我,当时我只是赶着去上课,没干别的。"你让我们很失望。"他说,"梵蒂冈大公会正在启动,我们天主教徒需要了解其他宗教,这个很重要。我们正在开设一个宗教博士班,我们即将给你第二次机会。你可以用奖学金攻读博士学位。"希利神文打算付钱给我去研读博士！

当时我感到很荣幸。到现在我才意识到希利神父手头有点儿资金提供奖学金，但没有找到足够数量的学生（第一年只有我和另外一个博士生，总共两人。我必须说明另一个已成为一名卓越的学者）。当他在校园里搜索候选人目标时，发现了我，并且正确地假设我完全专注于我的高中生辩论队，还没有为毕业后的那个秋天制定计划。于是，他显示出他的怜悯和创意。在不知不觉中，他延续了查理为我开始的历程：灌输给我一种开放的精神，一种遇到差异的乐趣。就这样，我今天所拥有世界观的关键要素各就各位。

五十年后再往回看，当时社会对差异的认同和接受在今天不算什么，但那时的世界很不一样。就在查理给我们上课的第一年，当时已是非常进步的耶稣会士丹尼尔·贝里根（Daniel Berrigan）神父在黑板上写了四个拉丁字，概括当时天主教会——我的教会——教义：Extra ecclesiam nulla salus（教会之外没有恩施）。当我问他，这是否意味着我的朋友瑞·爱泼斯坦（Jerry Epstein）不会去天堂时，他告诉我："除非你施洗他，否则他不会去天堂。"即使在1956年，查理已将这一观点称为"荒谬"。几年后，卓越超前的教皇约翰二十三世（John XXIII）号召我们"普世"运动，教诲我们不仅要通过出生时天主教圣殿里的窗户看世界，还要通过其他精神殿堂里的窗户看世界，并以此为重，以此为乐。

我抱着当时两种不寻常的态度第一次来到我的研究生课堂。第一种态度是潜在的——事实上,这个态度基本上是无意识的——我真的有兴趣和本能去学习所谓的普世思维。我对宗教的研究正赶上了天主教会在改变对世界的看法。这巩固和加强了查理教诲我们的世界观。第二种态度很明显,充分嵌入我的存在,那就是我要毫无保留地,绝对拥抱教师行业,跟随查理在课堂内外的教育生涯。

这两种态度的结合使我成为一个绝非典型的博士生,因为我虽对研究的宗教主题感兴趣,但不像其他博士生打算一辈子以宗教研究为生。我想象自己将来会从事教师职业,但我是从教那些高中生的角度来构想的,而不是从我博士班研究的主题出发。很高兴的是,当我完成博士课程要进入大学教书的时候,我选择在哪里做教授主要取决于哪里会允许我继续辅导我的女子高中辩论队。我没有在我的学科专业中寻找一个更有声望或更有实力的大学。我只是在寻找一种环境,在那里我可以找到一个大学教授满足的生活,更重要的是可以继续兼顾我的女子高中辩论队。

我在高等教育行业第一个全职工作是在布鲁克林的圣弗朗西斯学院(Saint Francis College),人们亲切的将其称之为"有远大梦想的小型学院"。今天,我一如既往的热爱这所学院。十年间,我欣然和同事、学生相处,他们很多人都是家里第一个上大学的,我很荣幸能和他们一起工作。圣弗朗西斯学院很快给了我终身教职,并任命我为宗教系主任。之后,在学院管理层没有一丝反对的情况下,我们对系里的课程进行了大胆的改革,很快就把当时的普世思想融入其中,减少一种宗教必胜其他宗教的氛围。我们不仅教授《古兰经》(Quran)、《巴加瓦德·吉塔》(Bhagavad Gita)和《论语》(Analects),还谈论"上帝的死亡"和"世俗城市"。总之,我们在钢琴上弹奏新的八度。

1972年,我一些亲密的朋友进行了"干预"。他们知道我一直想去法学院,但为了我的辩论队总在"推迟"申请。他们说服我,你已经三十岁了,该想想下一步怎么走了。我知道他们是对的。我设想在纽约一所学校学习法律,同时继续辅导辩论队的高中生。在这个计划中,假使我不再招收高一的女生参加辩论队,那么最后一批辩论队的女生将在我从法学院毕业的那一年也高中毕业。不幸的是,所在纽约的法学院都没有接受我。我的大学GPA分数很低,加上我不遂主流的职业背景对招生人员没有一点吸引力,我被一一拒绝了。

在这时,好运来了。我的推荐人之一是劳伦斯·特赖布(Laurence Tribe)(今天是世界著名的宪法专家,但当时还没有,我们是挚友)。他那时刚被哈佛大学法学院晋升为终身教授。他担心如果他不推荐我到他自己的学校,那他给其他学校的推荐信将会贬值。因此他坚持要求我申请哈佛大学,即便我真的想留在纽约。最初,哈佛大学和纽约的学校一样,拒绝了我,但他亲自出面督促他的同事重新考虑我的申请之后,他们也就勉强接受我了。所以哈佛大学法学院是唯一接受我的学校。问题是,直到1975年我才能离开纽约前往波士顿，因为我不愿违背我的初衷和承诺，我想看到我所有的辩论队员高中毕业。当哈佛大学招生主任茉莉·杰拉蒂（Molly Geraghty）同意我延迟到三年后的1975年秋季进入法学院时，我的生活道路发生了转折。之后，我每年秋天都给她打电话问候，直到她去世，我非常感谢她对我的信任。

真的，哈佛大学改变了我的生活。最重要的是，我遇到了丽萨·高登伯格（Lisa Goldberg）——我的真爱。我们于1976年8月2日结婚。那时，我们刚完成法学院的第一年。哈佛大学让我看到研究型大学的奇妙，也由此在1981年把我引向纽约大学——我从此的学术之家。我于1988年成为纽约大学法学院院长，2001年成为纽约大学校长。2016年，我作为名誉校长又回到法学院执教。

●

我的这些经历提供了一些有用的教训。首先，失败不一定是故事的结束。通常，会有希利或杰拉蒂提供转机甚至救赎。其次，要记住曾几何时，甚至仍在今天，人们把教书看成是最崇高的事业。在当下，对于某些人来说，这种信念可能不合时宜或者很天真，那么这些人真不该看我这本书。

然而，除了这两条，还有一点对于我在本书中要表达的观点至关重要,那就是我随意和曲折的执教生涯。相对于更传统,更直接的那种,我是从更广阔的视角来看待高等教育的。受一位超级优秀的高中教师的塑造和影响,我首先执教于高中并深入了解了高中生,然后从一所小型教学性学院再到一所世界顶尖的研究型大学执教。这种经历,比纯粹的精英教育经历,让我更有机会看到美国教育制度的种种现实。

美国有超过4,000所已被认可的高等教育机构——从公立到私立,从社区学院到研究型大学,从大到小,从世俗到教会,从城市到乡村,从校园大学到网上大学等。我们关于大学和学院的对话常常倾向于关注18至24岁"刚成年"的学生,但是,接受高等教育的人中有40%是"成年后学生"——退伍军人、单身父母或要换工作的人。[2] 换言之,我们的高等教育系统就像是一个交响乐团。乐团的每一声部都与其他声部不同,却都必不可少。这正是我们的优势。

我在接下来的章节中要讲述的大部分内容将最直接地关联到美国的研究型大学。这是因为,这些大学在社会中发挥着更加广泛的作用,有更大的活动范围,产生更大的影响——从医学实验室到培养我们的教师,护士,医生和律师的专业学院。然而,尽管这些机构具有巨大的广度和影响力,但如果把研究型大学在高等教育这个交响乐团里看作高于其他高教机构,那就大错特错了,就像把交响乐团里的弦乐部看成高于管乐部,那是错误且不公平的。演奏贝多芬的第九交响乐,需要弦乐部和管乐部。

我激情尽职于高中辩论队、圣弗朗西斯学院和纽约大学——我从来没有认为一个比另外两个更重要，他们彼此都是不同的存在。每个学校有不同的教学目标（耶稣会士称之为比例研究），每个学校使用不同的教学方法。在每个执教阶段，我都找到了快乐和满足感。我没有倾向于将一种体验排在其他体验之上。如果我这样做，我不确定我是否会将研究型大学的经历列在首位。事实上，如果我被迫三里挑一，我会选择与辩论队合作。

在任何情况下，对我或任何人来说都没有必要做出如此选择。演奏乐团的每一声部都有欢乐。我希望在这本书里探究乐团为什么会这样，也探究我们如何让乐团尽可能更多地发挥最佳作用。

在我开始前，我应该加注我的一些怪癖，这有可能帮助解释我这本书里的观点。

首先，直到今天，我的核心职业身份是一名教员。在我担任院长或校长的整个过程中，我保持着一个完整的教学时间表（每学年四到五门完整的课程）并进行写作（包括纽约时报畅销书《棒球作为通往上帝的道路》（*Baseball as a Road to God*），那本书是基于我为纽约大学本科生提供的课程）。其次，我没有刻意要做纽约大学法学院院长或纽约大学校长。每一次，我都推举了其他候选人，之后并非很情愿地走马上任。第三，在我担任院长或校长的二十八年里，我拒绝为有偿的董事会提供服务，而是用有限的外事时间参与和领导了与纽约大学使命相关的协会或机构，例如美国教育委员会，美国独立学院与大学协会，美国法学院协会，纽约科学院和纽约联邦储备银行。在参与这些集体事业中的不同团体时,我认识到高等教育行业发展的总体趋势,面临的挑战和机遇以及战略方针,这使我受益匪浅。

最后,在这些年里,我非常坚持地认为我与家人在一起的时间不可侵犯,不可打扰(包括定期在大峡谷等地区的长假)。我很高兴地说,我在纽约大学的同事完全尊重了我这种世俗的安息日主义的需求,允许我沉思的时间和精力上的补充。

我的不寻常旅程滋养了我所拥有的视角和价值观,也形成了这本书里的观点。我希望这本书将为如何看待高等教育及其作用提供一些新的想法或思路。

当我在20世纪50年代遇到查理和贝里根的时候,大多数美国人是信任我们美国的基本制度和执政领导的。今天,这种信任已经消失了。这种变化的原因很复杂,我将为此提出自己的看法。其中,我将重点介绍我在几十年间目睹和经历的两种极其相反的情况。

如果大学毕业后,我作为一个爱尔兰天主教徒与意大利天主教徒结婚的话(更不用说英国国教徒,犹太人,穆斯林或无神论者了),那将会让家人感到不安。正如贝里根神父在黑板上所写的那样,我们坚信天主教徒通过恩典得到了一个真正无可置疑的宗教信仰。六十年后,许多天主教徒(最著名的是教皇弗朗西斯)接受了教皇约翰二十三世的普世精神——和对其他宗教信仰的包容开放而由此带来的智力和精神上的进步。四十年前,当我与丽萨结婚时，我的家人远远超越时代，他们认为丽萨是真正美丽的女人。他们从未提到她是犹太人，他们毫无疑问地接受了我们要按犹太传统把我们的孩子抚养成人的做法。

在美国，尽管有关宗教思想和生活的碰撞及对话日益明显，但有关政治的对话正朝着完全相反的方向发展。六十年前，政治家们，尽管各有缺点——甚至有些缺点还不少——但他们分享着一种公益感并努力推进它，即便这种崇高的工作迫使他们承认过去的错误（正如"民权法案"和"投票权法案"所示）。他们作为政治家和他们努力的结果都是不完美的，但是对于两个党派中的大多数人而言，至少还有理论和合作的空间。今天，这样的空间已经不复存在了。一个鸿沟将两个交战的派系分开，每一方都想知道"对方"怎么会是这样的——并且都不愿与另一方进行认真的对话。

在这两种对立趋势（一方面是普世主义，另一方面是教条主义）的背景下，我在本书中提供一个分为四个部分的综合论证。在第一章"教条主义、复杂性及公民对话"，我从一个可怕的命题开始，指出除非当今趋势发生逆转，否则从事思想的行业将面临危险，因为美国人对细微差别和复杂话题已产生过敏反应，公民对话扭曲成一种恶毒的世俗教条主义。现在，政治立场已经被提升到教义真理的地位，导致外在培育给予的信念只能被揭示，而不容被质疑。

在第二章"传统大学作为对话的神圣空间"，我认为大学是治愈这种世俗教条主义疾病的可靠希望，我描述了大学必须表现出的特征以及大学领导如果要担任这个角色必须实施的政策。

在第三章"以普世主义世界为目标的大学",我认为大学应该超越传统的角色,承担起一个更雄心勃勃的职责:充当世俗普世主义的孵化器,不仅要拒绝世俗教条主义,而且还要寻求建立一个相互关联的社区,一个大于其各部分之和的整体——这样的世界在今天还只是一个梦想。

最后,在第四章"最终要素:使有意义的入学机会普及大众",我认为,如果高等教育要发挥以上两个相关的作用,每个人在不考虑社会地位或经济背景的情况下,都必须能有意义地升入与自己才能相匹配的学院或大学。社会上对这一问题的讨论存有大量错误信息,缺乏创造性想法。我努力纠正这些错误信息,并提出一个有效,切实可行,甚至政治上也可以被接受的进步方向。其实本质上,这个道理很简单:如果我们希望创造一个普世世界,那么这个世界里的每一个公民都必须有机会深造并获得可以用来塑造这个世界的工具。简言之,这就是我这本书要阐述的。

正如查理所说:"勇于向前,勇于向上!"

第一章
教条主义、复杂性及公民对话

序幕

二十五年前,我在圣路易斯大学演讲,我特别提到了1957年一个不太引人注意的日子,这是美国历史的一个转折点:1957年10月8日。纽约主流小报《每日新闻》头版刊登了两个醒目的标题。第一,"据说斯普特尼克号(Sputnik)正在向下滑落",宣布苏联(世界首发)卫星的坠亡。这个卫星的发射彻底动摇了美国人心窝里的自信。第二,"最终:道奇队将去洛杉矶"[1],宣告美国人开始不相信美国机构,如果(棒球)道奇队都能背叛布鲁克林的乡亲们搬去洛杉矶,这说明任何机构都不能再相信了。

我有一位朋友,他是家里第一个上大学的。十年前他告诉我,在20世纪50年代,他的父亲对他年轻时提出的相关社会问题会以宽慰的保证来回答:"儿子,别担心。他们正在为我们处理它。"我回答他说,今天我们对孩子不这么说了。

从某种程度上说,对权威的怀疑是成熟的表现。美国在20世纪50年代虽风平浪静,但却掩盖着罪恶。"他们"并不总是在工作中为老百姓处理"它"——或者至少不是为我们所有人,甚至不是为我们大多数人。最终,当面纱揭掉现实呈现出来时,我们被迫面对我们的失败情况及产生的各种不公正影响。这个反省的过程对我们的社会是有好处的——但这不够。为了超越过去的罪恶,我们被迫进行集体对话,讨论建立一个公正社会必备的措施,得以配得上一个伟大和道德的民族。这个对话已经开始了,但却一直没有结束。当下,对权威的怀疑已经转变成了一种不信任——对我们的政府、我们的机构、我们的领导人,甚至对我们的公民同胞的不信任。

我真希望这种不信任只限于瓦尔特·奥马利（Walter O'Malley）的家门口,因为,正是那个魔鬼把我的道奇队从布鲁克林搬走了。如果仅是这样,一个简单的解决方案可能就在眼前。事实上,导致这种不信任的原因要复杂得多。从过去的三代人开始,美国人就失去了共识,失去了一种将我们联系在一个共同事业之中的公益感,失去了我们对彼此和后代的责任感。我们曾经认为多元化是美国作为开放友好社会的一种力量,但今天,我们中的许多人将多元化社会里的不同之处定义为"另类",并认为"另类"就是危险分子。

在过去的六十年里,世界变得很小。从字面上看,通信和运输的突飞猛进缩短了时间和空间。从人口迁徙到气候变化,一系列环绕地球相互依赖的问题被迫产生。各个经济体的相互依存只是其中一小部分。当全球社会面临这一现实时，美国作为一个其主要港口，以自由女神为象征的多元化国家，面临着对多元化承诺这一基本前提的考验。东部和西部海洋边界形成的一种自然隔离的保护消失，美国存在不少问题。

美国现在是一个分裂的社会，相互理解不足。这是因为，真正理解的必要前提是智力上（必须加上精神上）的努力，但这种努力已不复存在。事实上，就在我们最需要就一系列非常棘手的问题进行认真地公民对话的时候，我们作为一个社会，已经对存有细微差别且错综复杂的问题产生了过敏，进而让思想、知识、专长和理解都在贬值。许多美国人，如果还不是大多数的话，已经撤退到政治洞穴——红色（共和党）和蓝色（民主党）的"信仰"之家——在那里他们被灌输那个党派的世俗教条。然后，我们与"我们的人民"站在一起反对"他们的人民"，支持那些可能是合理的但肯定还没有被理论过的公共政策。

在二十多年前，我就开始警告美国学术界的同事们这一趋势了。起初，当我扮演卡珊德拉（Cassandra）的角色时*，我担心的是，如果美国人继续贬值公民对复杂问题的对话，他们将不可避免地贬值我们大学的所作所为——因为大学把探索有细微差别和错综复杂的问题作为主要任务。有迹象表明，这种对大学的贬值已经在发生了。最近的民意调查显示，58%的共和党人认为，大学对

---

* Cassandra 在希腊神话中是位公主，她得到恩赐，可以预测未来，却也被诅咒，永不会被相信。——译者注

美国的发展形势有负面影响,而只有 36% 的人认为大学会对社会发展产生积极的影响。就在两年前,这个数字还是相反的。民主党的观点虽不那么负面,但也很相似[2]。

我们的大学确实被围困了。不过,我仍然希望它们能够通过模拟深刻的对话并显示其优势来扭转我所描述的广泛社会趋势。事实上,有参与性的民主社会依赖于这种深刻对话。我相信大学可以在重建这种对话方面发挥独特的作用。

我们已经到了一个决定性的十字路口:如果我们的大学不扮演解药的角色,逆转社会上认真对话被边缘化的趋势,大学本身就会被边缘化。如果煽动得到回报,谎言成为对话的硬币,人们对社会机构缺乏信心将变得更加深刻和普遍,直到社会本身最终崩溃。

我的立足点

首先,请允许我重新审视和扩展我自己观点形成的因素。

我是一个有信仰的人——我的信仰由 20 世纪 50 年代美国天主教栽培,并由 20 世纪 60 年代梵蒂冈第二次大公会议和像耶稣会神学家夏尔丹这样进步人士的思想所改变。我是一个不折不扣的夏尔丹派(Teilhardian)乐观主义者[3]。

我是在布鲁克林爱尔兰天主教民之中那个民主党政治大锅里

长大的，当时约瑟夫·麦卡锡（Joseph McCarthy）尚未被揭露为骗子*，许多人（甚至我的母亲）都认为他是好人，将来会进天堂。天主教灌输给我们一套简单的规则：周五避免吃肉，周日去弥撒，在结婚前把所有的性念头都拒之脑门外。我们被告知并相信，遵循这些规则将会保证今后进天堂的永生之道，虽然对大多数人来说，得先绕道去炼狱接受考验。

梵蒂冈第二次大公会议改变了那种简化信仰观点，呼吁天主教民拓宽视野和承担个人责任，并把个人责任当成人生的美妙负担。对于许多美国人来说，这意味着要应对民权运动、反战运动和女权运动提出的道德问题——这些问题迫使我们以新的方式面对权威和传统。

我也是一个有思想的人，有幸领导了一所研究型大学。我第一个学术领域是在文理的空间，开始是在耶稣会接受基础博雅教育（高中到大学），到后来担任大学宗教部主任。耶稣会认为，一个人无法用拉丁语和希腊语来阅读贺拉斯（Horace）和荷马（Homer），就等于是文盲。随后，我上了法学院，在为法官工作两年后，我来到了纽约大学，进入了研究型大学的世界。但是，正如我前面所指出的那样，我的简历并没有显示出一个对我智力发展最有利的影响——这就是我近二十年间对竞争辩论的执着，首先

---

* 共和党威斯康星州参议员约瑟夫·麦卡锡（Joseph McCarthy）在 1950 年公开指控 205 个共产党人已渗透到美国国务院。他成为参议院调查小组委员会主席。——译者注

我是辩手,后来成为教练。这个经历使我深刻地接触到思想的世界,并为我的如下信念奠定了基础,即知情对话对于更广泛公民商谈所具有的中心意义。

我的两个世界——信仰世界和思想世界——首次生动交汇是在梵蒂冈第二次大公会议期间。那时我开始了博士研究,一位杰出的福特汉姆大学神学家和哲学家尤尔特·卡曾斯是我的导师。尤尔特的智力旅程和我很相似,也和美国天主教从20世纪50年代到梵蒂冈第二次大公会议之后的几十年历程很相似。我必须把尤尔特的故事讲出来。

到1963年,尤尔特已成为研究中世纪神学家圣文德(Saint Bonaventure)的顶尖专家。二十年后,联合国庆典出版了由他任总主编的有关世界信仰的20册著作,这是一部探索世界主要信仰传统,提升集体洞察力的巨著。

尤尔特在后来的作品中认为我们的时代简直就是他所说的第二轴心时代(The Second Axial Age)的黎明,这是人类历史上罕见的一个转折点。在使用这个词语时,他引用了哲学家雅斯贝斯创造的短语(轴心时代),也就是指公元前800年至公元前200年的时期。在那个时代,人类开始发展个性的观念,将自己视为不同于他人的一员[4]。

对于尤尔特来说,第二轴心时代将看到现在已完全成熟的个性意识与一个新的全球时代的集体意识互相融合。他看到了夏尔丹提出的"全球化"——在一个全球社会中重塑人类的智力、文化和精神认同。在这个社会中,即使人们保持着成熟的个性感,也愿意实现更充实的共同命运[夏尔丹称之为"最终点"(Point Omega)]。

这是一个大胆的愿景。然而,如果把今天的天主教会与我出生时的天主教会相比,它比其他信仰传统开放多了,这些其他信仰传统也施与回报,与天主教徒一起,支持普世主义。尽管基督教内外都有明显的例外,但现在有相当多的人从众多信仰中表现出这种开放性。教皇约翰二十三世、夏尔丹和尤尔特所想象的通向普世主义的旅程是毋庸置疑的。* 世界上许多信仰教派的领袖,已经踏上了这个旅程。然而,我们是否能在世俗世界里抓住类似的可能性,即达到一个以世俗的普世主义为特征的世界,这还有待观察。

我看到的危险

遗憾的是,尽管在过去六十年里宗教对话已走向普世主义这一愿景,但民间对话却向相反的方向发展。几十年前我经历的主

---

* Ecumenism 西方普世主义来源于基督教的普世教会运动。其目的是为了协调世界各地基督教内部各派别的关系,形成统一的传教活动,普世一词源于希腊文,意为"整个有人居住的世界"。该运动提倡教会的普世性,主张"教会一家",终止基督各大教派及各大宗教的对立,提倡相互间的对话,建设"以自由、和平、正义为基础"的"大社会"。从中,衍生出普世主义。——译者注

导宗教对话的教条主义心态已经成为当下民间对话的一个特点，诞生了我所说的普遍的"世俗教条主义"。我在这里用教条主义（dogmatism）一词来表示一种思维习惯，一种心胸狭窄，或缺乏智力开放——也就是说，这个词的用法，完全是世俗的，与宗教无关。

阿尔伯特·赫希曼（Albert Hirschman）在其有先见之明的一书《反动的修辞》（*The Rhetoric of Reaction*）(1991年)中，对"巨大、固执和可气的异性"表示担忧。他警告说，"自由派和保守派、进步人士和反对势力等公民群体之间一直缺乏沟通"，并很快在政治生活中造成一种令人不安的情景，"不仅和不同意见关闭隔绝，而且和大量同时代人的整个生活经历关闭隔绝"。结果是："随着这个过程以自身为食而蔓延，每个群体都会在某个时候在一个完全困惑的情况下询问对方的立场，往往相互反感，'他们是怎么变成这样的？'"[5]这些话描述了我们当下的政治状态。

美国人在认同两个政党之间的鸿沟急剧扩大。二十年前，17%的民主党人对共和党人持"非常不利"的看法；今天，这个比例是55%。那时，21%的共和党人对民主党持这种看法；今天，这个比例是58%。现在在中间点的共和党人比92%的民主党人更保守，在中间点的民主党人比94%的共和党人更自由。每个政党中有超过40%的人认为对方是对民主的威胁。当被要求描述对方党派成员时，民主党和共和党用了同样的词语：不诚实、不道德、没智力，死脑筋[6]。

这一可悲趋势还有一些其他指标：六十年前，只有不到5%的美国人会说,如果他们的家庭成员嫁给不同党派成员,他们会感到不安;到2010年,40%的人表示会对这种不同党派间的婚姻感到不满(49%的共和党人和33%的民主党人)[7]。今天的数字将更加负面。一项对这些数据的综合研究结论是,政党两极分化已超过种族两极分化[8]。世俗教条主义已取代了我年轻时的宗教教条主义的角色。

这种世俗教条主义最显著的形式是一些美国人倾向从宗教信仰的格言中获得政治立场。有些人把神学当作政治权力的工具。在他们的调动下,这些美国人确信,上帝的话语揭示了他们在社会问题上的正确立场:上帝告诉我们如何投票。启示录代替对话,没有什么可讨论的。正确的思考问题方式被看成是上帝赐予世俗的礼物。

矛盾的是,那些宣传以信仰为政治核心的人往往更关心政治而不是神学。政治权力的诱惑力以及通过政府推进社会议程的诱惑力是如此之大,以至于他们往往愿意搁置几个世纪的宗教分歧,为眼前的政治需要团结在一起。因此,南方浸信会伦理和宗教自由委员会主席理查德·兰德(Richard Land)在2004年道出:"我与教皇约翰·保罗二世(John Paul Ⅱ)的共同点比我与吉米·卡特(Jimmy Carter)或比尔·克林顿(Bill Clinton)的共同点还要多。"——尽管卡特和克林顿终身信奉浸信会[9]。2017年,原教旨主义的虔诚宗教领袖们并不理会人们对阿拉巴马州参议员候选人罗伊·摩尔(Roy Moore)有恋童癖的指控,继续支持他竞选,因为他接受了他们的政治议程。

世俗教条主义的另一种更为普遍的表现形式与任何宗教基础无关，直接来自我之前指出的，公民现在对细微差别和复杂问题的严重过敏以及随之而来对简单答案的上瘾。而这些简单答案都是总结后的口号，是不能拿到公共广场上去检验的。在2016年大选之后，这一警告听起来像是针对那个选举周期的批评，但世俗教条主义蓄势已久，早于人们开始注意到特朗普不只是小报八卦专栏中的一个角色和一个真人秀明星。

在1996年，我第一次注意到美国公民对艰苦思想工作的那种不耐烦正在被人利用。一位政治顾问写了一本专著分享给他的客户。他提出，赢得选举胜利的途径不是认真的政策讨论，而是持续地攻击律师和法官，把他们当作国家弊病的根源。他提供了一系列在言辞上"有用"的孤立案例。他建议，在攻击法律机构和人员时，使用极端、尖刻的语言是不需要付出任何代价的，选票也会紧随其后得到。正如他所说："在魔化律师的问题上，几乎不可能走得太远。你应该挖掘人们对法律界人士的愤怒和沮丧。攻击律师无疑是一条廉价的掌声线，但它是有效的。"[10]

作为纽约大学法学院院长和美国法学院协会会长，我为此写了一封信，警告各法学院院长和教授："这种对律师的攻击是对法官及对司法独立攻击的另一种形式（独立的司法有时是反大多数的！）。这些攻击只是一种更大现象的一部分：我们的社会倾向于使其各种机构贬值（无论是政府、大学还是其教会），并使那些寻求为这些机构服务的人才干枯。我们正处于这样一个时代,即太过频繁的口号化和人身攻击,而不是倾向于探讨(尤其是)最复杂问题的实质。"[11]

如今,煽动者们不仅嘲笑那些对棘手问题提供复杂解释和方案的人,还经常嘲笑专家们的知识价值。虽然表面上这是个信息和对话的平静时代,但也正是这些大量的信息阻碍着我们维持一个由知情和在智力上好奇的公众所组成的公共论坛。使人眼花缭乱的信息甚至让善长阅读和勤奋的公民面临着严重的信息排序问题。传统媒体提供的筛选功能已经减少或正在消失中,因为传统媒体的筛选标准在新的基于网络的信息资源应用上没有任何优势。因此,即使技术和社交媒体使许多前所未闻的人们在公共生活的戏剧中成为演员,他们也会制造错误信息并散布虚假信息,从而削弱了公众对话的质量。虚无主义是对这种未加区分的信息的一种极为普遍的反应,最终事实与观点等同起来,并直截了当地促成大胆的断言。

这种因自上而下的思想退化所形成的世界观在反馈循环中得到滋养,而这一循环是由心理学家所说的确认偏差造成的。确认偏差是指在人们处理信息时往往先确认自己的信念,尔后再选择和加强信息来源的趋势。过去成堆的信息,尽管有种种局限,但也已经被一个回声屋所取代。在这个回声屋里,太多的美国公民被吸引到反映他们已持观念的小而专的电视频道,很少有人愿意冒险去超越最明显迎合自己世界观的有线电视新闻。

当我们的公民撤退到新闻孤岛时,作为民主传统必要条件的第四权力(the Fourth Estate)已经被取消了,并且这种权力势头凶猛,前所未有。现在经常听到"假新闻"的叫嚣,尽管不同的政治派系都会倾向于寻找可以提供一致意见的消息来源,但大多数人还是认为新闻报道都是"假的"的观点非常集中——即把新闻报道斥之为不可信任的。大约90%的民主党人认为,媒体的批评使政客们无法做不该做的事情,40%的共和党人也这样认为。自1985年民调机构开始提出这一问题以来,两党在这个问题上的差距最为明显。2016年初,这两个数字分别为74%和77%。[12]

此外,随着两党差距的扩大,美国人的注意力范围正在缩小。这一变化反映为我们的政治领导人在公共论坛发布言论时缺乏实质内容。候选人虽说是在电视上进行辩论,但实际上他们只是滥用上电视的机会,陈述和重复简单预设的信息。"辩论人"是受过培训的,他们要避免讨论复杂问题或一些政策,以免失去观众的注意力,同时也避免讨论任何解决问题的方案,因为这些解决方案从长远来看虽对国家有益,但近期会给选民造成一些损失。

我们比以往任何时候都更需要领导人共同努力,解决我们日益相互依存和矩阵化世界的困境,推动相关政策,呼吁公众为他们目前可能还看不到的福利买单。我们今天面临的问题太复杂了,无法通过简单的言语来解决:我们如何解决美国和世界上的财富和机会差距?我们如何以低成本为所有公民提供优质的医疗服务?缩小教学成绩差距需要什么?我们如何克服种族主义、性别歧视和仇视同性恋？我们应该如何对待新移民？我们如何治愈环境？我们如何从战争走向和平？

我们需要敏锐的头脑来解决这些问题，多多益善。我们也需要谦虚地理解，如果我们能够联合起来，我们更有可能得出明智的结论，因为我们知道谁都不能掌握全部真相。我们创造了一种竞技场文化，将公众的对话简化为一组角斗士的声音。

美国政治制度的性质加剧了世俗教条主义的增长和竞技场文化的出现。我们两党制的结构使得少数选民在一个问题上的转变可能会导致巨大的政策后果。如果红色意味着共和党，蓝色意味着民主党，那么当美国选民投票时，他们必须选择红色或蓝色——即使他们自己的政治偏好是紫色。当这种两极分化属于被迫选择时，美国人的党派差距就像人们想象的那样接近，差距在4％或者更低。显然这样整齐的党派划分发挥出这样的作用，使那些少数（10％～15％）愿意在红蓝之间跳巢的选民，反而控制了选举的结果。[13]

无论共识是什么，选民分歧如此之大的事实在关键方面影响了政客们的行为。他们说话时揣着防范之心，担心在错误的时间提出挑战性的想法，担心出现口误，或者担心摄像机随时都能捕捉到失态。我们的政治对话被仔细地洗刷，由焦点小组测试驱动，导致竞选人扮演一个拿着脚本的销售员，按民意测验显示的公众愿望，要什么，说什么。

在这种环境下，决策者和候选人以避免让步的方式表明自己的立场,即使是在私人谈话中也是如此。因为妥协被"真正的信徒"形容为弱点,我们所谓的领导人无法达成共识。其结果是:对当前最具争议的公共政策解决方案进行诚实、开放和探索性的对话愈来愈少了。

当两党选择的结果是纯红色或纯蓝色时,最纯粹的(即最极端的)红色或蓝色的支持者强烈地关心着选择的结果——作为党派基础,他们将行使不成比例的权力。这个结果与我所描述的世俗教条主义构成相辅相成的互动,进一步巩固和升级了已接受的政治信条。

最后,选民中可能有一小部分人会跑票,这种微小的投票差别能够导致胜利与失败之间政策上潜在的地震性转变。正因如此,那些维持权力的人就把对党的忠诚视为高价。在一个两党分化的国家,不管是红压倒蓝的念头,还是蓝战胜红的念头,都被视为是至关重要的。这种对党派盲目的忠诚滋生了对内部异议的压制和惩罚,导致试金石的泛滥,是对公共对话之丰富性的沉重负担。

这种两极化现在是美国政治生活的结构性组成部分。众议院提供了一个有借鉴性的例子,那就是重划选区,力求确保一党控制绝大多数席位。安全的选区,或尽红或尽蓝,产生了一个这样的众议院,其成员的忠诚是没有阴影的红色或蓝色,他们没有兴趣穿越党派来寻找共同点。在这些安全的选区,真正的选举是在有着低投票率的政党初选时举行的,主要是由政党极端分子所控制。这样,从红色到蓝色的距离也就加大了。

担当反作用力的大学

美国优秀的大学可以成为有力的工具,扭转我所描述的趋势。我相信大学可以孵化和培养一种观点上的开放和无止境的探索,成为重建我们社会所需要的公共对话的催化剂。我相信,通过对政策进行理性的辩论和细致的讨论,并传达给悉心的公众,这样可以恢复公众的信任。但不要搞错的是:这并不容易,尤其是因为我们的大学本身已经受到了威胁。

正如美国人的注意力一直在缩小一样,美国社会也对令人信服的想法和由此产生的缓慢且有时曲折的政策过程失去了耐心。总体而言,我们对立竿见影的结果和无痛的解决方案产生了疑问,部分原因是我们对复杂性的厌恶,部分原因是我们对日常生活中过度刺激的上瘾。我们的国家不再重视植树,以免其他国家可以坐在那里乘凉。这种思维对大学的工作来说不是一个好兆头,大学的工作取决于对细致、无畏的知识进步所做出的承诺,但我们每天都会听到关于减少科研投资的话题。

我们必须抵制这些攻击大学和进取思想的做法,因为我们比以往任何时候都更需要大学。我们需要大学去做并一直在做的公益好事,但我们现在更需要它们,因为大学的运作方式有几个重要的特点,使它们成为潜在的反作用力,阻止社会上盛行的世俗教条主义。

第一，与观点两极分化和利益集团分割的政治格局形成鲜明对比的是，我们大学中从事研究和知识进步的人员分享着一种共识，即他们的工作建立在他人工作的基础之上，他们的工作增加所有人的知识。

第二，至少理想的情况是，大学的工作本质是对话与合议。批评和评论是验证过程的一部分。

第三，我们大学内部的知识进步是在一个透明、可测试的过程中进行的，每个人都可以参与，无论他们生活在哪里，无论他们的正式头衔如何。如果孟买的数学家能够反驳在纽约构思而形成的理论，再多的不该有的精英主义或民族主义也无法使他的论点无效。或者，如果瑞士伯尔尼专利局的一名职员拓展出物理学的突破性理论，那么在他名字之前有没有"教授"头衔并不重要。

第四，也是最后一点，对大学工作的最终考验是时间。学者的回报是他或她的作品的耐久性，且有可能代代相传。不可避免的是，学者会有错误的开始。有些结果，一度流行，经过进一步验证后被拒绝。也有学者，最初被认为是愚蠢的，后来被视为是辉煌的。

除了大学工作中这些固有的重要结构特征之外，还有一些特征更多的是态度而不是正式过程。其中最主要的是大胆和谦逊的结合——大胆地将新思想概念化，谦虚地提供给他人进行审查。有发明的人士将受其领域规范的约束，他们根据精心设计的标准提供他们的资料来源并回答问题,这个过程不适合胆小的人或不能接受批评的人。

几年前,我的纽约大学同事迪克·弗雷(Dick Foley)在他的著作《无网工作》(Working Without a Net)一书中提出,我认为这种说法是很正确的,在一所大学里,查询和调研永无止境。[14] 这种观点确实是世俗教条主义的对立面。在我们的校园里,没有一个观点可以如此安全,以至于它不会受到挑战。大学的公民必须通过邀请他人挑战来锤炼自己的信念。在知识世界中,没有任何东西,也没有任何观点是无可辩驳的。一些命题一旦暂时成为公理,就要进一步发展——也就是说,直到它们被取代或反驳。

我们的高校不垄断这种交流。在一个运作良好的民主社会中,思想的竞争应该在多种场合进行,从讲坛到新闻网。但随着我们社会大部分地区对话质量日趋低下,大学成为批判性反思的"神圣空间"。我所说的这句话,并不是指一个人撤退到神圣的空间,以便沉思或退出这个世界。面对当下对思想的攻击,大学很可能试图在庇护墙后摆出防御姿态,隔离自己,但这样的退出对大学和社会都是不负责任的,并且具有一定的破坏性。大学的确是思想和对话的保护区,但正因为大学享有被保护的益处并因此具有孵化思想的特殊功能,大学有责任从受保护的位置动员起来,成为比现在更强大的力量进入社会中促进普遍思想的传播和对话。

贬低思想的这种文化需要被治愈,而大学必须提供解药。大学必须做社会核心价值观的证人,并对教条主义及其后果进行谴责。大学必须扩大其最突出的校园活动——对思想进行有意义的检验——使其作为更广泛的公共对话模式。简单地说,大学是扭转社会中不祥趋势的最大希望。

如果大学要发挥这一作用,我们必须采取一些步骤,这是本书下一部分要谈论的内容。

第二章
传统大学作为对话的神圣空间

序幕

我 1956 年 1 月进入高中。1 月入校的新生,必须在 8 月底读完高一,9 月就开始上高二。这样一来,我就没有时间进行任何课外活动了。开始上高二时,非常优秀的老师查理·威南斯插手干预,敦促我参加课外活动:"你必须拓展自己,去做辩手吧,我认为你很擅长辩论。"由此,他塑造了我对公开对话的看法,这是几十年后我才醒悟过来的。

辩手必须有清晰的思路和较好的口才。他们既要提出自己的论点,也必须预测到对手最有力的反驳。同时,又必须能够直接揭示对立的论点,暴露其缺陷。当对手作出回应时,他们必须将自己的论点提升到一个新的高度来做进一步回应,顶级辩手将这一过程称之为"延伸"(深化)论点。这种迭代扩展是竞争性辩论的本质。辩手如果重复一个观点而不考虑对手提出的反驳,就不可能在本轮辩论结束时获胜。

辩论的正式结构迫使对立双方的辩手扩展争论。首先,说明他或她将捍卫的观点及其解释,然后进行论证支持。其次,针对第一个否定,予以反击。然后,辩论继续进行,一共有八次发言,双方各四次发言,每次都在前几个阶段提出观点的基础上进一步扩展论点。辩论可能很复杂,但过程很简单:逐步推进讨论,否则就会输掉。

一个正常的锦标赛节奏安排紧凑,以便顶级辩手探究既定主题的所有复杂性。在锦标赛开始的两三天内,辩手可能会参加多达八场辩论赛,在肯定和否定之间交替进行。因此,一个有能力的辩手必须能够就任何话题的变化做好准备。辩论的这一特征培养了所有辩手换位思考和观察彼此之间存有共同点(即灰色空间)的能力。

我最喜欢辩论的另一个特点是,在整个学年,每一次比赛,一周又一周,都集中在一个话题上。比如:"辩题:美国应该要求所有公民做义务服务"或者"辩题:联合国应该得到大幅加强"。这一特点为"延伸"论点的理念赋予了更多意义:随着赛季的到来,顶级辩手必须推进对这一问题的思考。优秀的辩手承受着越来越大的压力,因为许多锦标赛都在本周最优胜的两队之间进行公开决赛辩论。其他的辩论队作为本周的观众将在一两周后的另一场比赛中围绕同一个辩题和本周的获胜者进行辩论,他们(在公开辩论这个回合)已听过获胜者所采纳的最强有力的论点。没有辩论队可以高枕无忧,也不能登封自满。

我对辩论的热爱是在 20 世纪 60 年代初培养起来的。那时，我作为一个年轻而富有热情的辩手，从僻静的布鲁克林闯到曼哈顿的联合广场上。短暂的地铁车程把我带到了一个不同的世界，人们在那里辩论时事，它不是比赛的赛场，而是一个政治活动的大锅。

当时，联合广场是一个著名的非正式公共论坛场所，有热心的，甚至有时是喧闹的听众。这个场合鼓励了公众对政治、宗教、科学以及其他五花八门话题的广泛争论。在我最早去那里的时候，我坚定地捍卫了一种正统的天主教观点，这种观点经常受到声势浩大的无神论者、不可知论者或其他批评天主教会的观众的攻击。很快，我就参与了关于公共政策问题的辩论。夏天，我几乎每周都会去联合广场，有时是为了周五"卡片"上的"预定辩论"，有时是为了所谓的"主要活动"，那时双方辩手显赫地站在马雕基座上进行辩论。

回想起来我意识到，即使是这些公众广场上的辩论也是通过深思熟虑和严肃话语来表达的，同样也是对论点的延伸。它们当然不具备像年度辩论那样长达一年对辩题的探讨和相关的迭代深度。然而，它们远不止是对第一级论点的简单阐述。参与的公众生活在一个充满不同想法的世界中，并致力于测试他们的观点。通常，他们在广场上公开辩论后，还要有几个小时边喝咖啡边交流的时间。

所以我早期的思辨能力就是这样被塑造起来的。激烈的辩论告诉我，奖励来自不同观点之间的真正碰撞，关键的政策问题是灰色的，不是黑白分明的。而且，仔细倾听非常重要，辩手必须尽最大努力回应对手的实口实言。辩手的成功不是声音更大、叫喊、威胁、嘘嘘声或嘶嘶声，而是在辩论的每个阶段都能提供相应的论据。

在这种环境中磨练了近二十年，我已经接受了一种基础的智力多元化。有了这样的背景，再看美国已被世俗教条主义侵害的当今社会，我自然相信，假如这个社会能接受我几十年前在教室、礼堂甚至辩论广场上发现的辩论价值和辩论过程，这个社会就会改善很多。

大学是培养这些思维习惯的自然场所，但我们的校园未能幸免于社会动荡的趋势。首先，随着对严肃思想的承诺减少，大学和思想管理者本身也贬值了。其次，随着世俗教条主义日益渗透进社会，大学社区已经被感染，导致它们患上了原本由它们可能去治愈的社会疾病。最终公众越来越不愿意为大学提供研究和学习的资源。

除了这些普遍性威胁之外，我们的大学还面临着来自外部和内部更具体的威胁，影响其作为公开对话圣地的完整性。即使努力保护我们的校园免受那些危及社会的普遍性威胁，我们也应该更清楚地认识到这些更具体的威胁，这样它们就不会扩大那些普遍性威胁对我们校园的影响了。

来自神圣空间外部的威胁

每个大学校长、教务长和院长都有故事可讲。他们在寻求培养积极对话时,最常见的外部压力是呼吁禁止有争议的演讲人或相关资料出现在校园里。

我第一次经历这样的事情是在我担任纽约大学法学院院长的前几年。当时一个校园团体邀请古巴司法部长卡洛斯·阿马特(Carlos Amat)参加"晚宴会谈"。一名美国国会议员通过迈阿密一家电台煽动抗议这个活动。我每天都会收到数百份传真,谴责这个被许多人视为对古巴镇压运动负有责任的人出现在纽约大学。这些传真无视于我们会坚持法学院的惯例和规则,比如,应邀演讲人必须同意用他或她发言两倍的时间来回答听众的问题。

这个活动是我担任院长期间最难忘的事件之一。我们为法律专业的古巴裔美国学生保留了 24 个席位,约占受邀席位的 80%。一位几十年前起草了美国国务院古巴禁运草案的教授担任当晚演讲的主持人。晚宴时,学生、来宾都静静地坐着,甚至不碰叉子,生怕被视为与这个古巴人套近乎。随后,他们在大楼外一片抗议呼声的背景下,激烈地质询阿马特。

活动结束后的第二天,我收到了一份传真——不是抗议,而是道歉——来自迈阿密煽动反对这项活动的国会议员。学生们已向他表示,这次活动给了他们一个重要的平台,让他们得以发表自己的观点。

这样的道歉是罕见的,更常见的是来自各方政治阶层的谴责信。我也清晰记得另外一个例子,涉及我的中学教师丹尼尔·贝里根神父,他用拉丁语在我中学教室的黑板上写下"教会之外没有恩施"。在那时,我们知道贝里根神父是一位有魅力的教师和才华横溢的诗人。十年后,全世界和我们都知道他是一个反对美国参与越南战争的引领人。在贝里根身上没有中间立场,有人(包括我)认为他是英雄,也有人认为他是叛徒。四十年后,当福特汉姆大学聘用他作为驻校诗人时,大学的校友杂志上写满了谴责大学领导部门的信件。杰弗里·冯·阿克斯(Jeffrey von Arx)院长[后来是费尔菲尔德大学(Fairfield University)校长]表示,他相信"福特汉姆学生具有自己的批判能力去判断是否同意驻校诗人进驻或其他的立场"。[1]

有相当多的人拒绝倾听政治反对意见,并也阻止其他人倾听。通常,这些潜在的审查官都是拥有权力或至少拥有一定影响力的人。在我正式担任纽约大学校长之前,也就是在比尔·克林顿(Bill Clinton)离开白宫几个月之后,学校的主要捐款人之一威胁我说,除非我取消由克林顿总统主持的关于全球化世界面临的挑战的专题研讨会,否则他就撤回捐款(当时超过1亿美元)。

这个捐款人要求我们剥夺学生和教职员工与克林顿总统接触的机会,但假使我们选择在理查德·米尔豪斯尼克松(Richard Milhous Nixon)辞职后的日子里欢迎尼克松,他可能就会很高兴。

我相信，如果我们邀请尼克松总统进入校园举办专题研讨会的话，那在欢迎克林顿总统的人群中也会有许多人对我们进行谴责。我很愿意欢迎两个总统到校园里来，我认为任何忠于其价值观的大学都会这样做。我们冒着失去捐款人的风险继续安排着克林顿总统的来访。这一天非常成功，虽然捐款人没有道歉（像国会议员那样），但他依然是纽约大学最慷慨的捐款人之一。

这三个例子既相似，但又不同。古巴部长是应一个学生俱乐部邀请而来的，贝里根神父被大学授予了荣誉，克林顿总统为纽约大学法学院带来了一项由他亲自组织的重要的全球性活动，并在世界各地广泛传播。虽然每个例子都涉及外部压力迫使演讲人沉默的情况，但又展示出不同的问题。我认为，每个例子都应促使人们制定不同的标准和做出不同的答复。稍后我将详细讨论它们之间的不同。目前，我先谈谈上述三个例子的共同点：它们都涉及个人或团体提出反对和要求审查的呼声——认为被邀请的演讲人配不上大学平台。

尽管以上的例子很常见，但相比于当下美国无处不在的有组织的社会努力，它们则显得苍白无力。这些人试图限制校园里的对话，并以"令人反感"的方式触及某些话题。"观察小组"（Watch groups）试图找出演讲者甚至是教授们反对的观点，并对他们进行制裁，放弃辩论。这些观察小组反对展开辩论，并且往往会得到资金充足的公共运动的支持。这些公共运动常因教授、院系或学校表达"不可接受"的观点而对他们进行攻击。无感于任何讽刺意味的是,这些公共运动有时会在保证"平衡"的旗帜下进行。

多年来,我看到许多这样的社会团体不断组织活动。除非我们的大学拥有真正认识到辩论重要性的人们对这类团体的活动予以抵制,不然它们会危及我们大学的本质,损害大学对抗世俗教条主义疾病的能力。

有时,外部势力会设法利用美国政府的力量来迫使大学偏离通常就包容或排斥而精心制定的规则。其中一个例子就是臭名昭著的所罗门(Solomon)修正案[这个命名不是为了纪念英明的古代国王所罗门,而是为了纪念议案发起人,已故美国众议院议员杰拉德·所罗门(Gerald Solomon)]。这项修正案试图利用法律迫使大学忽视他们基于反对种族、宗教、国籍、性别或性取向歧视的官方政策。修正案指出,即使军队招聘人员拒绝签署大学的反歧视标准承诺(具体到军队的情况,就是基于性取向的歧视),大学也不能拒绝军队在校园学生职业招聘会中设立展台。拒绝军队参展的大学将面临着失去政府数千万甚至数亿美元财政支持的严峻后果,包括奖学金的财政援助、医学研究项目等。

最终美国军方改变了政策,平息了所罗门修正案的争议。然而,最近一段时间,一项禁止美国变性人服兵役的立法议案可能正在复原一些歧视性政策,并滋生出新的政策。

2001年"9·11事件"发生后,美其名曰的《爱国者法案》(*Patriot Act*)迫使图书管理员向联邦调查局特工提供读者个人信息,甚至交出图书馆的电脑[2]。此外,该法案还禁止图书馆保护借书人不受政府监督。如果借书人的阅读偏好被政府监察和记录的话,图书馆不可以通知学生、教授或研究人员。这些极端的措施令人感到非常不安。

在恐怖袭击之后的一段时间里,美国政府对入境人员设置了一系列障碍,使外国教授和学生更难进入美国大学了。学者们进入美国将会面临更长的申请期、更广泛的背景调查,以及持续的监督,但实际上,许多人是被拒绝入境的。也许,这些举措情有可原,但也有另一些明显不必要的预防措施。例如,一些学者只是寻求在短暂回国之后重归美国大学,他们在美国已经有几个月甚至几年的生活经历了,并没有对美国的安全构成威胁。无论如何,总体结果是,在"9·11事件"发生后的几年里,来到美国学校的外国学者数量停滞不前,扭转了五十年来入校人数增加的趋势[3],从而消磨了我们理解其他文化的能力,也减少了他们理解我们文化的可能性。

随着美国从 2001 年的创伤中恢复过来,以及入境筛选政策的改进,外国学者进入大学的数量再次增加——特别是对国家安全没有造成影响的情况下[4]。更进一步的是,联邦政府创建了国家安全和高等教育咨询委员会(National Security Higher Education Advisory Board),我曾在乔治·沃克·布什(George Walker Bush)和贝拉克·侯塞因·奥巴马(Barack Hussein Obama)两届政府中担任委员会委员。该委员会把大学校长与国土安全部以及联邦调查局和中央情报局等机构联系在一起,努力在国家安全问题和大学纳入外国学者的能力之间取得适当的平衡。校园对话能有外国学者参加,这本身就有助于增强校园安全感和国家利益。

当2017年旅行禁令威胁到这种平衡时,法院乃至联邦最高法院恢复了这种平衡。但与新旅行政策相关的敌意政策已经造成了损失。这十年来,进入美国校园的外国学生人数大幅增长,但全国各地的国际招生人数却急剧下降。在特朗普政府执政的第一年,新的外国学生人数下降了7%。[5] 现在,联邦最高法院已判决通过修改后的禁令,但它在未来会产生多深多远的影响,还有待观察。

针对穆斯林国家的旅行禁令并不是对学者流动的唯一威胁。2018年,白宫宣布针对中国将采取一系列广泛的措施,其中包括大幅限制从中国到美国大学的学生和学者人数[6]。在这之前的三年里,超过30万的中国学生和学者来到美国[7]。暂且不谈新政策产生的不利贸易影响(这些学生每年为美国带来超过120亿美元的收入)[8],从外交政策和国家安全的角度来看,这些新政策对中美相互理解和沟通也是不利的。

令人担忧的是,在这些新措施中,美国政府的权力再次被集中起来,与包容和对话的传统背道而驰,可正是包容和对话的传统成就了美国大学的卓越。恐怖主义的威胁无疑为明智的安全措施提供了正当理由,我们的领导人必须与中国就贸易等问题进行积极谈判。迎合偏见和仇外心理的法规只会破坏美国长期的发展,关闭我们向有天赋的教授和学生开放的大门。这些教授和学生是怀着对我们国家、人民和价值观的热情而来,无论他们住在哪里,他们都能成为美国的友善大使。

除了上述如此明显的对大学的威胁之外,还有其他一些微妙且有害的力量正发挥着作用,尤其是政府减少对科研的资助[9]。值得注意的是,在美国政府如此削减大学科研经费之时,正是全球其他国家政府在所有领域强调创造力和创新的时候。不可否认并且很讽刺的是,在其他国家寻求建立以美国大学为模型的研究和学习中心进而刺激和创造社会进步时,美国却不仅从艺术和社会科学投资中退却,而且还从硬科学投资中退却。

总之,大学作为神圣空间面临的外部威胁既是偶然的,又是系统的,既是明显的,又是微妙的。强大的个人和团体经常构成威胁,他们有时会成功地将政府拉为盟友。当然,有些政府官员蔑视大学,不明白大学在做什么,甚至(在某些情况下)蔑视思想本身。我们必须认真对待这些威胁。可以很公平地说,我们大学的领导熟知这些威胁,并且确实认真地在面对这些威胁。

来自神圣空间内部的威胁

一些激进的批评者会将校园面临的外部威胁看得很轻。相反,他们坚持认为,校园里活跃对话的真正威胁是教师和学生中存在一种所谓的"政治正确"(political correctness),并且大学领导的纵容或不知情助长了这种"政治正确"的存在。这是一个茁壮成长的山寨作坊（cottage industry），极力宣传大学在意识形态上已被左派教职工捕获的形象。但仔细检查后发现，这些现在已广为人知的脱口秀是建立在相对孤立的例子之上的。简而言之，它们并不能准确地代表生活在大学里的我们所知的思想世界（the world of ideas）。在我看来，那些声称我们的大学在意识形态上被占领的说法反映了对学术生活现实的不了解。事实上，我相信，这些对政治正确性的抱怨往往是为了压制这些批评者不愿听到的声音。

我的观点得到了由同行评审的期刊的研究数据的支持。1984年，一项综合研究报告指出，40％的教授称自己是"自由派"或"左派"，34％的教授称自己是"保守派"或"右派"，27％的教授称自己是"温和派"[10]。二十多年后，最近（2007年）的研究显示，40％的人说自己"自由"，9％的人说自己"保守"，46％（大多数）说自己"温和"[11]。因此，自由派队伍并没有增长，只是失去了多数派的地位。在一定程度上，自称为保守派的被温和派而不是被自由派所取代。同一调查还显示，51％的受访者认为自己是民主党人，14％认为是共和党人，36％认为是独立派[12]。最重要的是，类似的调查没有表明教师意识形态与学生思想取向变化有关[13]。

控制校园对话所做出的努力主要不是来自左派。例如，一个名叫"美国转折点"（Turning Point USA）的保守组织已经广泛散发了一本《赢得大学的基础结构》（*The Foundational Structure for Winning Back Our Universities*）的小册子。这是一本旨在帮助保守派学生掌控学生会和兄弟俱乐部主席位置的指南。该手册指出"我们第一个主要目标是在最知名和最有影响力的美国大学中赢得学生会主席这一最高职位。""美国转折点"吹嘘自己已经"直接监督和影响了超过 5 亿美元的大学学费和学杂费拨款"。这个数字虽存在争议,但值得注意的是,该组织在未来几年内为此类工作编列了 200 多万美元的预算。这并非"自由派捕获大学"的故事。[14]

关键问题是,不同政治派别的大学公民是否觉得自己可以放心地在校园里表达自己的观点。这种辩论和对话是(我们希望是)我们大学社区的特点。最近两项研究表明,保守派学者认为他们能够在美国的校园里取得成功并找到幸福。事实上,56%的自由派教授表示对自己的学术生涯感到满意,66%的保守派教授也对此表示满意。[15]

根据我的经验,辩论和对话仍在美国大学校园里蓬勃发展。在实际情况中,大学领导层受到挑战是很常见的。例如,纽约大学会定期就大学政策和当时的重大问题进行辩论,并积极展露各方的观点。仅举几个例子中的一个,我经常参加法学院每周举办的教师座谈会。左派,右派以及所有观点的主要学者将会会面,一起剖析同事们正在推进的早期学术草稿,没有学者能够做到完全正确,无论他或她的学术威望有多高。古希腊的雅典学院在辩论时也不过如此。我认为,在这方面,纽约大学及其法学院在美国大学中是个典型,不是例外。暂时搁置宗教大学的特殊情况,在大多数校园里,大多数时候,没有任何观点是不容置疑的。

说句实话,大学如要履行对开放的承诺,可以做的还能更多。那些致力于精神生活的人有时也会表现出一种信念,将自己的一家之言升华为学说。即便在大学校园里,对话也可以变成一种独白,只是偶尔有停顿中断,以显示有参与的表象。尽管有数据显示我们校园里政治多样性要比传统观念所认为的更多,但同样的数据不可否认地显示了向左倾斜的趋势(尤其是在"精英"校园里)。那些精英大学作为公民自由伟大传统的继承者,如果其校园内的公开论证和言论自由受到威胁,那将极具讽刺意味。因此,我们所有人必须定期检查我们自己在对话原则方面的承诺和遵守情况——就像我们对批评者的论点所持有的怀疑态度和严谨态度一样。

的确,在大多数校园里,绝大多数教师和学生在广泛的问题上有着普遍认知。实际上,这种共同价值观的存在—无论是政治、宗教、学术还是社会—往往是教师或学生加入某个特定学校及社区的原因。这种共享的精神没有错:从纽约大学(世俗研究型大学)到圣母大学(天主教研究型大学),从奥伯林学院(世俗文科学院)到穆伦堡学院(福音派路德文理学院),大学和学院自豪地培养着属于自己学校的特色。然而,其关键问题在于,他们是否会对那些已在大学社区中广泛持有的观点进行辩论,以至于达成共识立场。

大学领导在努力加强这种辩论文化的同时,必须倍加谨慎,以免校园里出现一种风气,给那些挑战正统主流的人士带来过高的参与成本。人们的关切,不应该按照传统的左派(右派)政治路线来划分,因为美国大学内部的各种政治观点都有相当好的代表。相反,我们必须非常努力,来欢迎那些还没有听到声音的人。

20世纪50年代和20世纪60年代初期,美国校园与社会看似非常平静。但我们现在认为,这种表面平静掩盖了排斥的现实。今天我们看到,作为一个社会我们曾忽视了值得倾听的声音,并遗漏了我们自己本可以得到的见解。当一些人的声音受到压制(或被忽略),或一些人被剥夺了讲话平台时,思想的较量可能会令人感到轻松,但效率却较低。

这里有一条有关竞争辩论的格言:如果我们要参与,就必须倾听;如果我们要倾听,就必须成为更好的听众。耶鲁大学的史蒂夫·卡特(Stephen Carter)在他的著作《文明》(*Civility*)中呼吁:在真正的对话中,即使我们面对的是狂热分子,也必须通过询问而倾听他们的心声——以爱待之。[16] 对此我表示同意。

倾听是对他人表示最深切尊重的方式之一。然而,在社会上和大学校园里,对倾听艺术的关注却很少,尤其是怎样倾听那些不同于自己的经历和观点。我在纽约大学的同事卡罗尔·吉利根(Carol Gilligan)谈到了"激进式倾听"(radical listening),这种倾听始于一个真正的愿望,那就是从别人的经历中学习并发现他们的所知所悟。对于这种倾听能力,高校领导必须要更加主动地去培养。

一旦我们准备好倾听,我们就必须创造一个对话的空间,让那些还没有发言权的人可以自由表达。这样的空间只能存在于一个以信任为特点的氛围中,包括信任对话伙伴的诚意和倾听他们的意愿。显然美国社会中存在压制某些人发言的历史。如果期望所有潜在的发言人都去信任已习惯主导论坛的人,这显然是不合理的。站起来表达立场的发言人,不管是反对当下的潮流,还是透露内心坚持的信念,都容易成为众矢之的。如果我们要在校园里创造一个真正的对话空间,那我们就必须确保这些弱势群体能够有所收获。

值得高兴的是,在全国的校园里,教工同事、学生和朋友之间(包括女性、有色人种和其他弱势人群)开始尝试向其他人展露他们易被伤害的一面。我们这些习惯主导论坛的人需要明白,那些受过伤害的人是在向我们表达信任。实际上,他们通过展露伤口使我们这些人开始听到他们的哭声,由此可以了解到我们是如何伤害他们的。在真正的对话中,我们必须公开地回报这种信任,使发言人不存任何戒心。我们作为听众,必须让发言人清楚地感受到,这种对话的空间是安全的。我们所有人必须转变理解的视角,直到发言人的观点变得清晰,即使他们的观点听起来并不顺耳。用诗人罗伯特·彭斯(Robert Burns)的话说:"假如我们能像别人看我们那样看自己就好了。"[17]

随着信任的建立,那些曾受伤害的人越来越能够接受那些传统上没受过太多伤害的人的善意,但是,一开始就期待这种接受是不合理的,有太多的传统需要克服。因此,在这个过程开始和之后的一段时间里,我们这些历来享有声势的人必须接受一点,那就是我们可能不会像我们希望的那样被别人看到或听到。我们必须接受这一点,尽管我们对自己的意图有清晰的认识,但并不是所有人都能理解我们的善意。我们这些有幸在校园空间里生长和活动的人们肩负着创造一个真正包容的神圣空间的重任。

在这里,了解一个特定的故事可能会对理解神圣空间对话有所帮助。

2015年,当美国校园被有关美国社会和大学中少数族裔的地位和待遇的辩论和抗议搅得沸沸扬扬时,我们纽约大学的所有人很快达成了共识,这就是我们还没有在校园里实现相互包容和尊重的理想。我们到了一个重要时刻,需要评估现状和确定将来。为此,我们召集校区所有人参加了一个论坛,遭受过歧视和伤害的人可以在这个论坛上公开发言,而大学的领导层则需要认真倾听,与会者可以对彼此和会议规章抱有期望。

最初,全校论坛吸引了一千多人来到礼堂,更有世界各地的成千上万人通过闭路电视观看。我首先发言:

> 我们关心学校的所有人。我们确实关心他们,因为这是一个社区的所在。他们中的一些人把恶意归咎于我们,而我们却认为自己是善良的。我们是否理解他们为什么会把恶意归咎于我们呢,这并不重要,现实就是这样。我们必须了解他们为什么这样做,如果可能的话,改变我们的行为并让他们对我们产生信任。他们告诉我们,他们在受苦,而我们的首要任

务是必须了解我们是如何造成这种痛苦的,以及我们怎样做能减轻这种痛苦。

如果我们能理解这些无辜的人看不到我们自认为真实的校园和我们自己的原因,这个学校就会变得更好。他们很可能完全或部分误判了。然而,如果他们至少在部分上是正确的,我们就应该把重点放在他们批评的正确部分,尽我们所能做得更好。如果他们在我们身上看到的是我们真实的样子,我们就必须努力改变。至少在今天,我们必须把自卫防备的想法放在一边,集中讨论我们如何做才能进步提高[18]。

这个论坛得到了正面的评价:这是校园真实对话的开始(但只是一个开始),而这也是设立论坛的初衷。这项开放工作的一个重要部分是大学领导和历来享有发言权的人保持沉默。我们需要倾听那些没有被听到或被忽视的人发言。然后,学校采取措施确保继续进行这种对话,所有人都可以进行发言或倾听他人发言。这种对话一直持续到今天。

现在让我简单谈谈这个问题。

我认为,认真倾听对于对话和理解是至关重要的,同时仔细表达的想法也是同等重要的。这样说,似乎有些多余:当然,一个严肃的知识分子必须准确陈述自己的立场,并借用知识储备选择准确的词汇表达自己的思想。当然,一个严肃的知识分子也会选择合适的表达方法,以便将想法传达给他或她需要互动的听众,并仔细考虑听众理解这些话语的能力,做到词能达意。

这个过程是教师生活中必不可少的一部分,对我们校园里的很多人来说这是本能。关心教学的教师,会调整他们的教学方法和语言以便适应他们面前的特定学生。这样的教师明白,他们的话语可能有多重潜在的含义,忽视表达方式可能会产生严重后果。

对于经验丰富的演讲人和关心教学的教师来说,我的这些主张是显而易见的。在探讨如下话题时,记住这些主张尤为重要。那些攻击我们大学的人经常用一个例子来说明所谓"政治正确"在校园的泛滥:一些教授通常是应学生要求,试图避免在展示教学材料时发生微侵犯(对一些学生敏感性的冒犯)。批评者提出的论点是,同意学生这一要求(如警告一些可能引起创伤的材料在教室里呈现)容易构成纵容,使一系列问题和想法不能在教室里讨论。

这一论点在很大程度上是在转移人们的注意力,它很容易被引用到刚刚描述的演讲或教学中去。有影响力的演讲人和教师总是会关注到(也可以说他们"总是敏感的")自己的发言出现意外含义的可能(也可以叫它"攻击性"),或者他们的发言可能以某种方式使他们与听众保持距离。他们意识到,如果不关注这些问题,很可能会削弱发言的效果。因此,他们会避免可能出现冒犯的材料。与听众沟通的责任是在于演讲人,而不是在于听众只按演讲人的意图去辨别措辞的含义。

有时这个问题不仅仅是一个措辞问题。例如,强奸、乱伦或仇恨犯罪的受害者可能会发现,很难在没有警告的情况下在课堂里重新审视他们的创伤。在有些情况下,我们校墙之外的世界不会对学生起到任何保护作用。但是,这并不能成为教授未能在教室里为学生提供保护的理由。因为在教室里,教授可以很少或零成本为学生提供保护。当然,课程中应有的材料(例如刑法中对强奸的讨论)也不应消除。但是,如果一门课程(例如刑法)可能会使某些学生重温创伤,教授提醒受害学生并允许学生缺课是可以接受的。学生缺课的原因有很多种,很多远不如这种情况容易理解,这样做可以使教授和学生减少痛苦。

据我所知,还没有哪位教授在上课前发出警告。近六十年来,我自己的做法一直是预告下一堂课的内容,以此提供这样的警告。这种做法领先于当下的或褒或贬。无论如何,我不认为更多的教授提前发出这样的警告是对激烈辩论的威胁。相反,我倒是看到了这种做法让学生对教授的关怀建立了信心,进而提高了我们校园对话的有效性。

我已经讨论了我们如何在大学校园内开展必要的工作,以确保辩论论坛足够开放。现在我补充一点,我们如何防止那些想取消辩论关闭论坛的人。

有时候,大学像在社会中一样,设计好的校园论坛和深思熟虑的讨论确实会被那些没有兴趣对话的人绑架。一个开放的大学成为一个软性的目标,真正的讨论具备了这样一种可能性,即坚定、执着的群体,甚至是少数群体,可能会主导对话。具有讽刺意味的是:促成辩论的原则本身就赋予了一种取消辩论的能力。音量取代理性,喧闹起哄的人被给予了否决权。

值得注意的是,公共论坛中言论自由的神圣权利与大学里同等神圣的学术自由权利之间存在着明显的差别:在公共论坛中,我们通常可以自由地几乎没有限制地说出我们的意愿;在大学里,我们应该在对话的背景下表达我们的观点。不管在其他地方是否合适,在学校里用喧闹起哄的方式来取消辩论是不合适的。

有些人试图利用干扰他人的方式来让演讲者保持沉默,有时会像俄勒冈州立大学的学生那样,他们在打断校长的演讲时认为自己正在履行"言论自由的行为,而不是违反言论自由的行为"。根据宪法,《权利法案》的限制只适用于政府行为者。然而,即使是政府,有时也可能为了一些人的言论自由而动用权力去压制另一些人,例如,政府有义务防止闹事者干涉和破坏民权示威。无论宪法如何规定,作为校园守则,文明的规则需要得到执行。

为了保障所有参与者的表达权,学校必须有明确的规则,而且事先阐明大学论坛在不同情况下——开放、有限开放或封闭。这些规则必须在大学社区中广泛传播,并对违规者进行可执行和有意义的处罚(最好有耐心的执行)。根据我的经验,这样的做法对保持富有成效的思想交流大有益处。

在离开这个话题之前,我注意到另一个相当微妙的潜在障碍,即严格的学科规范把学术事业中的一种优势扭曲成了一种威胁。一代又一代的学者已经制定了每个学科的定义和规范。这些规范是指导,对于保持思想的进步是必不可少的。但是,大学的领导者必须注意，方法论的正统观念不能在学科单位内发展到一种不可质疑的程度。例如，如果政治学系如此致力于理性选择理论，以至于无法为曾多次参加过总统竞选活动的公共知识分子提供一席之地，那将是一个问题。或者，如果经济学系如此重视凯恩斯主义经济学，以至于无法教授其他经济理论。在许多情况下，在一门学科中，这种单一的理论承诺可能只是一种追求卓越的战略选择。即便如此，做出这种战略选择的院系也应该鼓励就代替的理论方法展开辩论，例如，通过资助其他持不同观点机构的学者。在学术领域永远不应该只有一个真正的信仰。

守护神圣空间的大学领导

一些人——包括我在内——拥抱大学生活是因为大学是思想和批判性思维竞赛的地方。那些对政治正确性的主导地位和对校园言论的压制表示担忧的校外人士应该知道，校内各方人士对言论自由充满了浓厚的热情。思想经常会有冲突，作为思想冲突的内部倡导者，无论思想多么冲突，我们都应努力确保校园是安全交流思想的地方。总的来说，我们是成功的。仅以一个指标为例：据教育业内个人权利基金会（Foundation for Individual Rights in Education）"取消邀请数据库"提供，2017 年大学只有 35 次拒绝客人演讲的记录，低于上一年的 45 次。美国有四千多所大学和学院,每年邀请的客人数以万计[19]。

纽约大学的一位同事乔纳森·海特(Jonathan Haidt)指出,那些试图让演讲人沉默的势力既来自左派也来自右派。作为回应,他创办了非正统学院,这是一个由教授和研究生协会组成的全国性协会,他们寻求"通过增加观点多样性,相互理解和建设性的分歧来提高大学的研究和教学质量。"[20] 协会成员一致赞同这一令人鼓舞的声明:"我认为,大学生活要求视点和观点不同的人相遇在一个他们可以自由发言和挑战对方的环境中。我感到关切的是,许多学术领域和大学目前缺乏足够的观点多样性,特别是政治多样性。我将支持我的学术领域、大学、院系和教室中观点的多样性。"[21] 不足为奇的是,乔纳森的努力在大学校园里获得了极大的支持。这种自发的原则陈述既证明了脆弱的神圣空间需要坚定的捍卫者,又证明了已有先锋在为这一事业而奋斗。

在2018年一份对大学和学院校长的调查中,98%的人认为促进包容和(及并列的)保护言论自由是非常重要或极其重要的;96%的人如果被迫选择,更愿意让学生接触多种思潮的言论,而不是通过禁止言论来保护他们。[22] 这一点值得注意,因为在保护对话的顶尖群体中,最主要的必须是那些专门负责保护大学的人:校长、教务长和各学院院长。为了简单起见,我只提到校长(我最后担任的大学职位)。但是,我所提出的要点一般也适用于这三个职位中的任何一个职位。

作为一个基本的门槛问题,每个大学校长必须决定是否利用自己的职位来表达对广泛公共问题的观点,并利用大学的资本来推进自己认为公正的事业。哈佛大学的传奇人物查尔斯·艾略特(Charles Eliot)发明了校长霸王讲坛(presidential bully pulpit)的概念。在他担任哈佛大学校长的四十年里,以及此后的十八年里,他对当今的每一个时事问题都发表过观点:从宗教到外交政策,从移民到反托拉斯,当然还有高等教育。他经常被称为"美国最重要的公民",毫无疑问这个称号准确地描述了他在精英中的作用。[23]

许多观察家都谴责近代未能再有艾略特这样的校长,因为他们认为今天的大学校长都相对胆小怕事。的确,大学领导者愈来愈不太愿意发表公开声明了——他们倒不是缺乏鼓励。在我作为纽约大学校长的那些年里,我被敦促对所有事情采取立场,从入侵伊拉克的道德问题到洋基棒球队是否应该允许艾利克斯·罗德里格斯(Alex Rodriguez)在使用类固醇被停赛后重返球队。我当纽约大学校长碰到的第一个问题是,该不该在华盛顿广场公园里的狗犬乐园专门为小狗开辟一个空间。

在担任纽约大学校长期间,我有意识地选择不走艾略特的道路。我不是因为错误的理由而选择沉默的辩护者,没有陪审团会判定我是个胆小的人。我做出这一选择是出于一个深刻但有时难以维持的原则。因为我相信,校长的首要责任是维护大学的神圣对话空间。为此目标,我决定对学校中心任务无关的任何问题都不公开发表意见,以保持我承诺作为对话空间守护人的公信力。

这个原则对我来说是绝对的。仅仅因为我对一个问题抱有坚定的信念，如果公开谈论这一问题，那么我可能就会在无意之间造成明显的政策优先等级。一旦我表达了"强烈持有"的观点，那么我没有提出过的问题对我来说就不那么重要了，这就是逻辑学家所说的"消极怀孕"。为了避免这个后果，我遵守了近乎完全容忍的原则。

当我担任纽约大学法学院院长时，我的这个原则受到了考验。我受邀参加关于死刑和选择生育自由等问题的公开辩论。对这两个法律问题和其他法律问题，我个人有强烈的看法。多年来，有时面对着巨大的压力，虽然我喜欢痛快的辩论一场，但我还是坚持沉默。

1997年，当纽约市市长鲁迪·朱利安尼（Rudy Giuliani）大幅削减法律援助预算时，一位老朋友和法学院慷慨的捐赠人（他的捐赠之一是以我的名字命名的教授职位）请求我加入纽约市另外11位法学院院长签署的一封公开抗议信。他在劝我签字时提到，我是12位院长中唯一没有签名的。我拒绝了他，并不是因为我不同意削减是不明智的（的确不明智），而是因为我有一个更重要的考虑，我能够说不的价值受到了威胁。当我每每被要求在我的直接权限之外表述一个立场时，我不能这样做，否则就会违反我一贯的克制原则，从而损害我保护校园里对话的能力。

有一种合理的理由认为，大学领导在接受领导岗位时，领导者不会丧失就每天的热门问题自由发言的权利——大学领导和自由社会公民的角色是分开的。虽然这个论点抽象来看似乎很有说服力，但我认为它在实践中是有问题的。这两个角色在公众心目中是联系在一起的。坦率地说，对"来自布鲁克林的约翰"观点感兴趣的人远远少于对约翰作为纽约大学法学院校长或院长的观点感兴趣的人。而且，将这些观点贴上"我个人认为"的标签也并不能改变什么。

我并不是说大学领导者需要对所有问题保持沉默。有的时候，他们有义务说话。例如，校长有一项极其重要的职责，那就是要解释大学为什么要开展如此宝贵的对话。校长必须坚决抵制对大学的冲击，捍卫提出有争议意见的权利，反对任何从右派或左派的角度强加政治试金石的行为。

在履行这一职责时，校长必须明确表示，参加论坛是一种特权并伴随着相应的责任。所有与会者都必须履行辩论、反思和尊重他人的承诺。虽然这种对话的理想很难实现，但如果大学校长不坚持将这些责任作为大学社区成员间契约的一部分，校长本人将成为颠覆神圣空间的帮凶。

在其他情况下，大学领导者也有发言的义务。例如，涉及大学在自由民主国家中的地位、公民受教育的机会、政府各种决定对高等教育的影响，以及财政援助和招生政策等问题。在这些问题上，校长应该进入公共领域，大力推进对大学和社会最有利的观点。毕竟大学在美国社会中发挥着重要作用。作为大学的领导者，校长们应该就保护或推进大学自由地表达自己的想法。事实上，大学校长不可能不就这类问题作出表态，因为大学的日常运作取决于如何解决这些问题。

即使有些人接受我所表达的克制原则（principle of restraint），但也可能对于某一特定事项是否属于大学领导者应该讲的主题存在不同看法。有些人会比我更广泛地定义大学的"核心"事务，也有些人则对此给予了更狭隘的定义。对我来说，奖学金援助和让弱势人群优先入学的政府政策肯定在核心范围内。科学作为政策基础的重要性以及在辩论中论据先于论点的重要性，也在其中。但是，至少对我而言，在这里我所使用的"核心"，不会包括美国某一军事干预的筹略或者保护自然环境的各种做法。

在我敬重的人中，一些人原则上接受我的容忍原则，但可能不同意特定实例是否在核心内外。我的朋友罗伯特·伯达尔（Robert Berdahl），作为伯克利大学的校长，在2003年《旧金山纪事报》（San Francisco Chronicle）上写了一篇反对布什外交政策的专栏文章。[24] 他后来在伯克利校友杂志（Berkeley Alumni Magazine）上解释说，他这样做是因为他认为宪法管理理念的改变会导致政策的改变，最终会对伯克利大学的未来产生不利影响。[25] 我不同意鲍伯的观点，但我不能肯定地说他是错的。我们都同意，校长应保持克制的原则。

神圣对话空间的脆弱性最终已经证明了这一信念，即负有责任保护这个神圣对话空间的大学领导者不能偏离这一核心使命。大学领导者首先应被看成是一个开放且公开审查思想的促进者，这比以往任何时候都更重要。当作为对话的守护者在与高等教育工作无关的问题上采取立场时，校长有可能疏远校园里那些持不同观点的人。不可避免的是，校长如果在某一个问题上表现出倾斜，参与论坛的人们就会来询问，校长在其他问题上自称的公正是否还可信。校长保护神圣空间的能力取决于他或她的道德权威，而这种道德权威取决于人们对校长是否公平的认知。如果校长们关注我所描述的克制做法，这种认知就更有可能存在。

无论怎样看待校长的发言权力和职责，他或她都必须做出某些决定——有些容易，有些却很难。有些事例涉及一个更棘手的决定，即是否允许特别有争议的校外演讲人将大学作为表达其观点的场所。正如我早些时候所指出的，原则的应用可能因环境而异：例如，在毕业典礼上由校长邀请致辞会赋予发言人一定的尊严和地位，另外，大学内许多平台（如参与辩论的平台）并非如此，在这种情况下，提供一个平台应该是不成问题的设想。

每所大学都应该为所有来自校外的演讲人提供常规守则。这些规则可能包括主持人的角色、发言人的顺序、发言的长度以及最后提出问题或给予点评的顺序。与此同时，应该出台更具实质性的规则，如要求发言者不要进行个人攻击，让持不同意见的人有时间表达他们的分歧，尊重讨论保密的规则。最后，大学可以为校园内或在其他地方举办的学校活动提供适当的安全保障。

然而，无论规则如何，任何校外演讲人都没有在校园里发言的绝对权利。例如，每年9月，当国家元首们齐聚纽约参加联合国大会开幕时,纽约各所大学都会收到数十个请求,希望校园提供一个由国家领导人发表"重大"演讲的平台。由于不可能满足所有的请求,校长办公室就会不可避免地安排策划是否有这样的空间以及在什么条件下提供这样的空间。这里的问题不是审查问题,而是选择问题。因为学校没有发出任何邀请,因此也就没有学校拒绝演讲邀请这一说。校长的职责是询问:提供空间给这些演讲请求是否能加强校园里的对话。

2007年,当伊朗总统马哈茂德·艾哈迈迪-内贾德(Mahmoud Ahmadinejad)想到纽约大学演讲时,我们拒绝了他的请求,而哥伦比亚大学则允许他去了。哥伦比亚大学校长李·布林格(Lee Bollinger)在艾哈迈迪-内贾德演讲之前向他提出挑战,要求他在讲话时讨论某些问题。校长还坚持要求来宾演讲之后回答听众的提问。在我看来,这两所学校的反应都是正当的,因为允许或谢绝演讲人只是学校在行使一种策展酌处权(curatorial discretion)。

当大学里的一个单位(如学生俱乐部、教师研讨会、研究项目、院系研究所)邀请演讲人进入校园时,就会出现不同的情况。在这里,赞成让大家听到演讲人声音的设想是非常强烈的,也是符合邀请外来演讲人的明确规则的。

假设一个学生俱乐部宣布成立一个讨论阿以冲突的小组,其中包括一位专家经常宣讲巴勒斯坦阿拉伯人受到的伤害如此之大,甚至连"9·11事件"都情有可原。我认为这个讨论小组只要遵守参与规则,学校也可以按安全人员的判断加强额外的安全措施,这个活动就可以继续进行。

我承认,一个有争议的演讲人出现在校园会给学校带来短期的代价——也许是相当大的代价。至少在一段时间内,会有一些人受到伤害或感到疏远,也会有一些人放弃对大学的支持。一些拥有相当大权力的人,会调动政府或其他关键部门的力量来制裁或惩罚校方或领导者,校园里也会有抗议活动或其他行动。此外,会产生巨大的直接成本:在最近的一个案例中,佛罗里达的一所大学花费了 600,000 美元为一个有争议的演讲人提供安全保护——这个数额相当于 1,000 名学生在州内的学费。[26]

尽管如此,短期成本将会被假设的长期收益所抵消。事实上,排斥的长期代价是巨大的。在这种情况下,校长限制了大学社区成员在文明对话范围内塑造对话的权利。但矛盾的是,由于无论采取什么措施都无法避免重大的短期成本,只有从长期代价出发才更有意义。因此,退回到一个更平淡舒适的对话空间是颇为诱人的,但这样做与大学的本质是完全对立的——必须予以抵制。

一些深思熟虑的观察者——包括研究美国宪法第一修正案最好的思想家——认为言论的唯一适当限制是时间和地点,而不是实质内容。这个立场早先对我很有吸引力,如果把它作为管理原则引入大学,大学将向所有被邀请的人开放,没有例外也不会禁止任何职位,即使这是不符合传统思想、令人反感,甚至让人心痛的做法。

作为一项绝对的规则,这种方法使决策变得更为容易。但我在和同事们的广泛讨论之后决定放弃了。我现在认为,即使发出邀请的是校内某个部门或学生俱乐部,这一绝对准入的规则也是站不住脚和不谨慎的。一个最直接的例子是煽动暴力的演讲人,这种演讲人必须排除在外,以证明规则的存在。

鉴于大学将会接待有争议的演讲人,还有一点值得提及。如果有争议的演讲人只是整体发言名单里的一员(也许分布在某一段时间内),而其他人则持有相反的观点,那么大学将能够更好地保持其作为对话空间的地位。对话的空间正在缩小,因为我们允许反对大学的人士利用高聚焦的一次性活动推出带有挑衅性信息的演讲人。社交媒体通过讽刺校园里实际发生的事情,助长了一些反对人士煽动不和的势力。通过呈现不同观点的演讲人,大学能够淡化单一演讲人的影响,这将有助于将极端情况置于特定环境中并减少不可避免的反应。

我认为,大学领导者作为神圣空间的守护者,是创造我们所寻求的那种对话空间的关键,这一点是显而易见的。尽管校长可能会出现错误,但校长仍具有很大的决定权。我在这里草拟了几个原则来指导那些愿意发挥这一作用的学校领导者:

首先,当授予荣誉学位或命名讲座可能暗示大学对演讲人的认可时,校长要谨慎克制。只要此举不会把不遂主流的意愿冷却起来,这种克制就没有什么不妥。

其次,当大学的授权单位邀请演讲人时,不管存在多大争议,大学领导者通常都不适合抵制这一邀请。

第三，大学领导者必须积极履行鼓励弱势群体的义务，以扩大人们对闻所未闻的声音和未经考虑的见解的兴趣。这种义务最好能够制定相应的框架和结构，将各种意见置于特定环境中，并为丰富对话提供一种平衡。而关于一次性对话活动重要性的陈词滥调不会再出现了。

第四，在为是否邀请演讲人登上大学论坛做判断时，领导层必须坚持学术对话的原则，并秉持冷静、彻底和抵制煽情主义的品质，这是大学内最佳循证思维的特征。

大学公民之间的对话契约

大学外部人士和内部人士存在着明显的区别。外部人士参与大学的对话是短暂的，因此可以酌情而定，而内部人士则是大学社区中长期存在的成员。我已经列出了可能适用于外部人士进入大学对话空间的条件和规则。这些规则也适用于内部人士，但内部人士享有额外的权利并承担额外的义务。

学术自由保护了内部人士自由询问和表达的权利，尽管这一宝贵的权利绝不能被视为是理所当然的，但也必须积极保护。这种保护是必不可少的，通常适用于学生、助教、客座教授和教授。学术自由比终身教职更重要，因为它适用于大学里所有人。

但是，如果关注学术自由对个人的保护，那么只讨论学术自由与大学神圣对话空间之间的关系将是不完整的,它必须将自由赋予的权利与保护论坛的责任联系起来。对于内部人士而言,接受大学社区成员资格意味着对论坛管理的原则有一种相互忠诚。这个原则就是公开辩论与参与的不可侵犯性,对于那些持相反观点的人来说尤其如此。我们永远不要忘记那些看起来有些奇怪甚至是愚蠢的陌生事物,这恰恰是我们需要保护的。在大学里,没有任何思想是不可辩论的。

在吸引和录取学生的早期阶段,大学就应该明确这一点,正统观念将受到挑战。大学应该明确这一观念,并在学校日常管理中体现出来。大学如果要成为社区对话的典范,就必须提高学校系统中每一个人的意识,并在所有组成大学的人员之间创造一种对话精神:从睿智的教员到学生宿舍中常驻的学生助理。Res ipsa loquitur(拉丁文说)"让事实说话"。

我们可以通过许多途径接受和拥抱差异。其中之一是塑造一个能带来真正多样化的经验和观点的内部群体。但是,以这种方式拥抱多样性也需要创造空间(神圣的空间),使社区中的每个人都能在诚实的对话中迈出他或她的舒适区,并且感到这样做是安全的。

每个人都有弱点,但学生比那些在对话方面更有经验的人(比如教师)更容易感到对话的艰难。大学的目标应该是帮助学生接受自己的弱点,并坦荡地面对自己的弱点。这不是一件容易的事:如果教师、导师和同伴们对其过度保护,他们就会冒家长作风之风险;如果保护不足,就有可能破坏学生进入这片新领域的能力。更糟糕的是,他们可能会让学生在后续的对话中退缩。

使年轻人在智力和社交的DNA里留下参与印记的有效方式是让辩论成为本科生学习生涯的必经之路。通过辩论,学生可以根据正式规则探索复杂问题,他们可以学习如何在这些问题上制定规则和捍卫自己的立场——然后将自己的观点推广到公共广场上。

我们有责任在校园内创建一种庆祝各种形式对话的文化。我们应该培养一个社区,激励所有的学生学习对话的技巧:提出自己的立场,倾听他人的立场,深化基于事实和考虑之论证的交流,达成合理的共识,或者至少培育对立的双方能够更清晰地找到他们之间的差异。致力于这一理想的教师和同行会有能力激励学生去了解事实并积极参与校园里的各种思想竞赛。

一个不常见的例子: 当大学领导要说话的时候

我已指出,校长在与校方核心事务无关的问题上表达政治观点时,应该遵守"几乎完全克制"的原则。这个"几乎"意味着,在罕见的情况下,校长应该处理影响大学使命和运营以及对话空间守护之外的问题。其中一个例子是20世纪70年代末和20世纪80年代初校园里有关种族隔离的辩论。在这个问题上,全美几乎达成了一致共识,这为校长做公开声明和相关行动提供了正当理由。

然而,至关重要的是,即便有这些特殊的情况,也要认识到校长不可能在不消耗大学道德资本的情况下讲话。而且,即使在种族隔离等问题上,校长也不应该以自己的权威发表言论。相反,校长只有遵循大学社区达成共识的程序之后,才能够代表学校郑重发言。

同样,试图利用大学捐赠基金作为政治表达的工具也是错误的。多年来,我与想利用大学捐赠基金这种方式进行政治表达的人士进行了谈话,这让我更加坚信了这一点。在不同的时期,倡导人敦促纽约大学的捐赠基金投资不应该沾边国防承包商、化石燃料行业、经营私有监狱的公司,或在特定领域与其他国家有利益关系的公司。有人说我们不应该使用花旗银行提供助学贷款,也有人认为我们不应该投资政府债券。

最好的办法是建立一个对话场所,以便在大学内部可以就某一问题达成共识。虽然达成共识的情况很少,但每所大学都应该在其代表机构中设立一个这样的场所,而关于是否存在协商一致意见的最终决定应由大学理事会(通常是董事会)做出。大学里的每个人从一开始就应该明白,大学以这种方式启动其政治资本投资的案例很少,因为这笔资本必须留给研究和学习所用。

大学中的大多数人(教师,学生,管理人员和其他人)不足以证明行动的合理性。相反,大学社区必须为拟定的立场提供压倒性的支持。在某些情况下,即使绝大多数人支持某种立场,校长或理事会也可能会认为：反对这一立场会引发极为严重的争论，故不建议偏离既定的克制原则。

大学参事院（University Senate）是纽约大学听取争论和探讨是否就大学政治资本或捐赠基金的社会或政治影响达成共识的场所。通过各种理事会——例如教师理事会（Faculty Council）、学生理事会（Student Council）和行政管理理事会（Administrative Management Council）——大学各组成单位可以在倡导者敦促大学采取政治行动的情况下表达意见。如果大学参事院赞同达成共识，它就可以将这种观点传达给大学的管理层和董事会。这种方法有一个显著的优点：当在极少数情况下董事会通过这样的程序批准政治行动时，和校长自行做出的决定相比，社区的正式授权使其具有更大的认可力量和合法性。

在我担任校长期间，这个过程引导了纽约大学社区由教师和学生开始的一个对话：他们渴望大学利用捐赠基金的投资来支持"绿色议程"，这是纽约大学的骄傲。在这个问题出现之前，大学社区通过自愿的内部行动，在采取若干保护环境措施方面发挥了领导作用。纽约大学是第一所加入市长迈克尔·布隆伯格（Michael Bloomberg）2012年计划的大学，该计划拟在2016年之前将纽约市主要机构的碳排量减少30%。事实上，纽约大学在截止日期前几年就已达到了目标，并且以碳排量减少50%的结果超额完成任务。不足为奇的是，这些努力并没有满足纽约大学里最专注这一活动的教师和学生。从2014年开始，一群学生在许多教师的支持下,敦促学校放弃对化石燃料行业的所有投资。

这个要求无法像人们想象的那样能够得到直接解决,因为纽约大学的捐赠基金并没有对任何行业进行直接投资,而只是购买了各种股票型基金——这些基金通常买进卖出股票很快,也不需要向投资者报告他们持有股票的性质。出于这个原因,撤资小组提出了另一种方案,即大学将其投资限制在所谓的"清洁基金"(那些仅投资致力于"绿色"议程的公司),这种选择更容易实施。

我们指导学生及其盟友如何在大学的程序中提出他们的建议,以确定大学是否存在必要的压倒性共识,这是大学按照他们提出的方针采取行动的前提。最后,大学参事院向董事会建议大学避免对化石燃料公司进行任何直接投资(因为纽约大学没有这样的投资,这是预期的),但参事院并未支持只对"绿色基金"投资。学生们知道我个人对他们的政治立场非常感兴趣,所以他们敦促我利用我担任校长的最后几天宣布支持他们的立场——他们忽略了我所阐述的所有原则,并严重低估了我对这些原则的承诺,即使在我私人信念明确的情况下也是如此。我不愿意采取行动使得这些学生感到苦恼。

在结束我对这一系列问题的讨论时,我必须处理另外一种情况,即作为大学对话空间的守护人,校长可能会被要求不做发言而直接采取行动。虽然这类案例很少见,但当它们出现时,就是对校长道德权威和判断力的双重考验。在这些情况下,重要的观点明显不存在于主要的校园对话中。此时,校长应该偶尔进行干预以保持平衡。

我认为,大学校长不应该推广个人政治或社会观点,如果这样做则会在最需要校长声音的时候贬低自己,例如:对话面临明显的危险;需要倡导大学作为研究和学习机构本身;整个团体敦促校长就一个有争议的问题公开发言。

但是,当他(或她)遇到在校园话语中没有代表性声音的情况时,他(或她)应该考虑利用权力邀请演讲人在讨论中分享所需要的观点。这种干预可能以不同的方式进行——最常见的是物色邀请其观点在社会上受到广泛尊重但在校园里还闻所未闻的演讲人。但是,不要过度干预,而且必须拥有明确的理由,以免这一纠正之举被误认为是赞同某一特定的立场。

基于同样的逻辑,尽管在不同的领域,校长可能会鼓励招生团队积极考虑申请人对校园对话的潜在贡献。有证据表明,校园领导者们非常重视学生观点的多样性。2017年秋季,通过调查高等教育内部的大学领导者发现,38%的学校正在加大农村地区的招生力度,30%的学校正在扩大贫困白人地区的招生,8%的学校正在努力招收有保守倾向的学生。[27]

校长作为校园平衡的保护者是有实际限制的。很显然,我们不可能确保所有问题的所有方面在所有大学场所中能够随时听到。采取纠正行动解决一个缺乏可信观点的问题,必然会导致其他问题的不平衡。在这一点上,和在其他领域一样,完美不应该成为善举的敌人。

神圣的空间和有宗教信仰的人们

对大学是否正在进行真正对话的一个考验是,有宗教信仰的人是否可以参与对话。这是因为有宗教信仰的人往往将他们的一些知识追溯到一个独特的来源:启示。启示不是批判推理的产物,它是宗教信仰的重要组成部分。尽管对信徒来说启示可能很重要,但在思想的竞争中,启示不是一种论据,它有一个来源。那么,有宗教信仰的人如何参加思想的竞争呢?作为"神圣空间"的大学如何欢迎有宗教信仰的人士呢?

所有参与校园对话的人都必须抱有一种愿望,那就是要从对方的观点中进行思考,并理解对方的观点。在这个标题下,虽然教条主义在大学里不受欢迎,但宗教人士却受到欢迎,而这种欢迎是在符合学校本质的条件下提供的。大学不能因为宗教人士的信仰无法在辩论中得到检验而禁止他们参与对话。尽管如此,他们必须承认,他们的启示和由此产生的基于信仰的"真理"不能作为论据而呈现。

我生活在信仰和理性之分的双边。多年来,我一直对如何,何地,甚至是否讨论我的信仰而感到不易。我担心这样做可能与我作为世俗大学校长的角色不协调。2005年,教皇本笃十六世(Pope Benedict XVI)当选后不久,我受邀到福特汉姆大学发表毕业典礼演说,我曾从该大学获得宗教博士学位。我觉得有必要借此机会探讨我对教皇本笃十六世的看法。他的倒退和相当压抑的神学教条主义与梵蒂冈大公会议的普世精神背道而驰。我甚至写了一份演讲稿,建议毕业生加入教会"机构",就体外受精和非洲防治艾滋病斗争中避孕的重要性等问题向教皇进行咨询。

但我从来没有发表过那次演讲——这在很大程度上是因为我的妻子丽萨提醒我,我历来避免就任何与纽约大学的工作没有直接关系的问题而发言。正如她对我说:"纽约大学与教皇如何管理教会无关。"

当时我还在教一门名为《棒球作为通往上帝之路》的课程,现在我还在教这门课。虽然这门课确实给我提供了探索信仰、精神和圣主的心路,但我并不觉得在教室里分享我的观点是一种公开表达。然而,当我被说服以这个主题撰写一本书的时候,我不得不面对这样一个事实,那就是我的信仰会被放在公共广场上。我担心自己作为一位世俗大学校长来明确表达宗教的观点。我回想起来,我让自己在很大程度上放下,才写了这本书,以此帮助我消化丽萨突然去世的消息。但同样重要的是,罗纳德·德沃金(Ronald Dworkin)和托马斯·内格尔(Thomas Nagel)这两位拥有世俗主义资格的朋友和同事鼓励我向前迈进。

当《棒球作为通往上帝之路》一书出版发行时,经常与丽萨一起工作的比尔·莫耶斯(Bill Moyers)说服我出现在他的公共广播公司(PBS)节目"Bill Moyers Journal"(比尔·莫耶斯日刊)上。

在准备拍摄时,莫耶斯告诉我,为表达对丽萨的致敬,他觉得他必须通过询问我如何应对丽萨的死亡以及我在悲伤之时对上帝的看法。

当摄像机镜头拍摄时,他问,我答:"我知道,丽萨依然存在。她仍然影响着我,也影响着认识她的人们,当然包括我们的孩子。我也知道,我每天都在思考我的生活是否配得上她的爱。"单独来看,这些话在过去和现在都并不引人注目,但我补充了其他的想法:"通过我的信仰,我也相信('知道')她作为一个有意识的存在而存在,她感应到我对她持续的爱。我相信,当我也离开世界时,她和我都将意识到我们持续的爱。"我强调,我的观点是建立在信仰的基础上的,不能在辩论中作为证据。我最后说:"有些真理不能通过辩论来发现,有些真理是不可言喻的。"

虽然我对那些了解我的人表达了一个他们熟悉的愿景,但我却有一种惶恐的心情,我担心在电视节目里的心声会超越作为纽约大学校长的身份。但是当莫耶斯节目播出时,观众对我表达信仰的反应与我的预期不同。来自观众的数百条信息中的大部分都表示,听到一位世俗大学的校长自由地谈论宗教信仰和灵性是多么"令人耳目一新"。对我来说,在理性和信仰的维度之间没有内在的矛盾,我很高兴得知有许多人认为我做校长的角色可以包含两者而不必妥协其中之一。

无论是在大学校园内还是在公共广场上欢迎宗教人士都会存在一个障碍,许多大学和知识界精英认为自己本质上与有宗教信仰的人不一样。威廉·斯通茨（William Stuntz）教授是一位福音派基督徒，也是哈佛大学的法学教授，他不加掩饰地描述了他作为这两个不同世界中一个公民的生活：

> 很多教会朋友都认为大学代表着黑暗的力量，法学院——我学术界的空间——尤其令人怀疑。教堂唱诗班的一位歌手曾经问过我的生计是什么。当我告诉她时，她说："一位基督徒律师？这不就像是一个基督徒妓女吗？"她不是在开玩笑……
>
> 您会听到在另一个方向上存在着相同类型的评论。几年前，一位教授同事在和我谈论宗教和政治时，这位同事说："你知道，我认为你是我见过的第一个不蠢的基督徒。"我的教授朋友不是开玩笑。[28]

我认为做学问的人和有宗教信仰的人必须互相交谈，同时我还认为自己生活在两个世界，而我这样的人在大学里并不孤单。大学就其性质而言是多元化的。在开放、多样化和民主的社会中，宗教信仰里也含有真知灼见，可以做出特有的贡献。

如果大学因为相信世界是由造物主在特定的时间创造出来的而禁止对进化论的研究是不恰当的，这显然既是对进化论的误解，又是在损害其作为大学的地位，而路易斯安那州却试图这样做。此外，一些人以多元化的名义将宗教信徒赶出对话空间，这种做法是存在问题的,会导致对话失去最广泛的可能性。

1978年,联邦最高法院对创造论和进化论之外的一个问题做出判决的案例具有指导意义。在麦克丹尼尔诉帕蒂案(McDaniel v. Paty)中,最高法院裁定,田纳西州禁止神职人员在州立法机关任职的法规违宪,正是因为"政府不可以……质疑立法行动是否源于宗教信仰。"禁止一位神职人员在政府任职,仅仅因为他是一个有宗教信仰的人,这是很教条的做法,就像禁止干细胞研究一样,仅仅因为下禁令的政府官员的宗教信仰如此,而不是这个官员有其他违宪证据。

当有宗教信仰的人进入公共广场时,有理由要求他们以一种尊重合理互动并做出承诺的方式参与其中,并且借鉴我们大学特有的富有挑战性的对话去参与。在多元社会中,公共论证必须以知识或理性为基础,通过探究,分析和测试后才能应用到论证中。对话必须是多层次的,迭代的和扩展的。虽然公职人员一开始可能站在一种混合的立场上,这种立场包含宗教教义,但他们有义务以非宗教的理由提出并捍卫自己的观点。如果经过一次对话表明这些非宗教理由在公共话语中没有说服力——因为令人信服地延伸它们是不可能的,而简单重申它们也是不够的——那么公职人员就没有理由再坚持他们自己的立场了。

即使我相信一个超然的奥秘世界和没有理性证据的信仰,我作为一个从天主教凯旋主义走出来的人,也特别接受宗教信仰不赋予强加的权利。我们可以自由地相信,我们的上帝已经对其信徒道出了真理，但我们无权将这个真理强加给那些相信不同上帝的人，或那些相信根本没有上帝的人。无论是大学还是公共广场，真理只可揭示而不可辩论的那种教条主义在对话中没有地位。

接受这些命题并不意味着要否认另一个领域——宗教信仰领域的重要性，更不用说否认它的存在了。我只是说没有办法通过推理让一个人进入你的信仰。爱，我们都接受，也是如此。虽然你可以体验到对某人深深的爱，并向他或她表白，无论他或她是否回报你的爱，都不会转变为更好的论据。

世俗大学没有在肯定或否定基于宗教信仰的信念中起什么作用，但它确实培养了人们有意义和有贡献地生活。有关"意义"的问题仍然存在。对科学，技术和工程的重视相对于艺术和人文科学的重视是不成比例的。但随着各国创新和科学技术的发展，他们最终会问："我们如何培养创造力？"同样，当我们开始看到科学和技术对我们生活的影响时，我们最终会问："我们如何确保我们不会贬低我们的灵魂，也不会否认我们的人性？"最重要的一点是，那些身在知识世界的人也要接受宗教信仰里的真谛。

结论

对于我们这些有资格在大学里生活和工作的人们来说，大学的神圣空间如此宝贵，也如此容易受到破坏。我们必须用一言一行通过增强参与和扩大影响来积极推广这个神圣空间。

今天我们重遇日益增长的世俗教条主义给文明对话带来的危险。大学对思想检验的模式,可以帮助我们重塑更广泛的公众对话。

这项任务十分艰巨,但这也是大学承担的一项基本职责。如果我们不能保护这个神圣空间,我们就会面临大学去留和世界好坏的挑战。让我们展望未来,回顾基本原则,接受崇高特权。生活在大学的神圣空间里是特权,赋予大学神圣空间里新的生命力也是特权。这是最起码的,我们责无旁贷。

我们中的一些人可能会选择做出更多的贡献。当我们确信大学里神圣空间本身是安全的,我们可能会要求有一些大学超越作为对话的模范,超越作为世俗教条主义的反作用力,我们甚至可能会要求它们成为世俗的普世主义典范。这一雄心勃勃的目标要求这些大学将以一种新的形式予以重组。在下一章中,我谨为实现这个目标提供一些自己的想法。

第三章
以普世主义世界为目标的大学

序幕

周五晚上将近0点,我乘坐飞机从纽约肯尼迪机场起飞,前往阿布扎比。14个小时之后,我到达纽约大学阿布扎比分校,在旁边酒店办理入住,此时时针刚好指向周六晚上10点。

和朋友一起吃个晚饭,小睡几个小时,第二天早晨我赶往教室去上课。在这里,周日是每周开始的第一天。我有20名优秀的学生,每一个人都才华横溢并勇于进取。他们来自18个国家,不仅精通英文,而且还掌握近30种语言。他们课前需要阅读200页未经编辑的美国联邦最高法院大法官判决书,课上两个小时我们一起对材料进行深入解读。

中午简单吃个饭,稍事休息,我开始当天的第二堂课。这堂课的学生是从3所阿联酋联邦大学中选拔出的10多位优秀学生。学生由其母校推荐,再由纽约大学教授们选拔,然后到纽约大学阿布扎比分校学习两门课程,其中一门就是我的课,课程结束后他们可以在自己的学校拿到学分。我在这个课堂使用的课程大纲同上午的课堂以及在纽约校园大一新生开设的课堂都是一样的,目的是和同学们一起研究政府和宗教的关系。他们也是先做课前阅读,然后课上跟我一起探讨相关的判决书。

周日晚上的安排是与同事们和学生们开会。开完会我在半夜12点的时候出发去机场,搭乘凌晨2点30分的飞机回纽约。周一早晨8点飞机落地,两个小时后我就出现在了我的纽约办公室。

过去十二年里,每年的9月中旬到5月上旬期间,我会每个月重复两次这样的行程去上课。在21世纪,这也将会是一些教授的生活常态,这样的模式在一百年前是无法想象的,而且与传统大学的模式也是不同的。

每一所名副其实的好大学都会是促进思想交流和相互理解的对话圣地。除了这个传统的角色之外,有些大学还会力争上游,变成世俗社会"普世主义"的孵化器,不仅致力于抵制世俗教条主义的侵蚀,而且努力创建链接各个社区的"大社区"——它是一个大于各部分之和的整体——这样的世界在今天还只是梦想。这样一种大学的轮廓正在逐渐成形,并且有很多事实证明优秀的教授、职工和学生愿意成为其中的一员。对于很多优秀的大学来讲,这种新模式代表了未来的发展方向,未来的希望。

全球化与新轴心时代

从经济学上来说,全球化是当今世界的标志。商业贸易和信息交流冲破边界,商业交易过去仅限于本地,而现在却是经常跨越几大洲,涉及多个司法体系的。从这一方面来说,全球化是无所不在、不可阻挡的,不论好坏,持续影响着全球各地的政府、市场、机构和老百姓的生计。

除了这个最基本的层面,全球化还可以指文化和社会变革,触及人本体验的不同领域,以一种前所未有的方式逼迫我们跨越界限,与他人建立联系。美国文化在全球范围的渗透就是一个例子。有些地方曾经很偏僻,但是现在那里有些街道看起来就像是美国郊区的翻版,这样加速发展的同质化,对当地宝贵的传统文化造成了威胁。非常讽刺的是,全球化让我们意识到丰富多样的社会的存在,却也威胁到这个多样化的存在。

全球化作为一种文化和社会层面的变革力与它在经济层面上的影响旗鼓相当,并且还具有催化的潜在作用,不管是积极的,还是消极的,未来我们可能会见证文化的同质化,或者文化的异质化。相互之间的联系更加紧密并不一定会摧毁差异,全球化是否能够包容和庆祝多样性的奇迹,能利用最小的成本实现最大的收益,这完全取决于我们自己。

然而,管理全球化的方方面面绝非易事。我们是否有这个能力取决于我们的反思能力、聆听能力和学习能力,以及谦卑的态度。当我们与不同群体建立深层关系时,我们需要谦虚,而不是自负;需要渴望发现他们认为的真理,而不是说服他们接受我们认为的真理,但这些特质在一个日益受世俗教条主义影响的社会是很难培养的。

现在有一种世界观倾向于对全球化持有积极看法,包括我在内的一部分人接受并支持这样的看法,这种世界观就是普世主义的世俗版本。普世主义是在教皇约翰二十三世和梵蒂冈第二次大公会议的推动下,受到了像我这样天主教徒的支持。如果用宗教来类比让大家觉得不够合适,那么可以将普世主义理解为"世界主义"。不管我们用什么标签来定义,了解世俗普世主义对于估测未来的发展潜力是不可缺少的。

当今时代的一大课题是世界各地的人们如何应对世界相对距离的缩小,如何吸纳其他文化中的陌生事物,它们往往无影无形,潜入本土社会和文化的各个领域。一些人对这种现象非常恐惧,他们的恐惧受本土主义的掌控进而演变成憎恨。这些人会缩小自己的视角,坚守自己传统的思维方式,设法阻止陌生的人和思想流入本地。但是在这样的关门策略下,不管是应用在经济、政治、文化还是知识的任何领域,都将以失败而告终。这种防备心态会激化"老路一条"守旧势力与"未来之路"新生力量之间的紧张局势。回避全球化带来的变化,只会加剧"文化之间的碰撞"。

另外一些人则从全球化带来的紧密联系中看到了巨大的机

遇。他们认识到自己的眼界需要被拓宽,自己需要向他人学习,他们希望与那些人生经验和人生观完全不同的人们进行互动交流。这样兼容并包的精神会有助于同"他人"建立联系,共同创建一个文化和知识"大同"的时代。

当然,也有许多人不属于以上任何一个阵营,他们也过着幸福充实的生活,他们是一群善良的人,人生主要围绕着家庭和本地的朋友群体。但是,因为本土主义者和世界大同主义者两大阵营会用自己的方式塑造出一个自己想要的世界,因此这第三类人也会在无形中受到影响。

我们人类正站在一个关键拐点处,站在临界线上。因为不久的将来我们必须作出抉择,选择到底是生活在民粹主义的恐慌下,还是迎接夏尔丹和我的导师尤尔特教授描绘的"第二轴心时代"所带来的希望中。

雅斯贝斯在《历史的起源与目标》(*The Origin and Goal of History*)一书中,将公元前800年至公元前200年定义为轴心时代,因为"这个时期人类精神有了重要突破,诞生了我们如今所了解的人类文化。"[1] 在这个时期,中国出现了空前思想家老子和孔子;印度有佛陀和摩诃毗罗以及众多圣哲写出的《奥义书》(*Upanishads*),变革了印度哲学、宗教和伦理观;波斯的琐罗亚斯德教徒探索了善恶本源的深奥难题。在黎凡特地区,犹太人先知以赛亚和耶利米呼吁更高的道德觉悟。轴心时代之前,思想意识的主要形式是无边际的、集体性的、部落性的,充满神话色彩,并且是惯性思维的。相比之下,轴心时代诞生的思想意识经过后来的基督教、伊斯兰教、启蒙运动和科学革命的发展,提倡的是个体独立的意识,而这种意识贯穿了当今世界的文化。

在20世纪中期,开始萌发了第二轴心时代。虽然一开始主要是神学家在谈论第二轴心时代的到来,但其实世俗社会也在逐步发展。夏尔丹预言世界会进入"一体化",社会进化会像生物演化一样,从"表现"发展到"扩散"继而到"收敛"阶段。人类一开始是以家庭和部落形式聚集在一起,忠于自己的群体,远离其他群体的。随后人类开始扩散,地球的球形和空间对于彻底扩散有内在的制约作用:人类现在已经占据了地球所有的宜居区域,而现代发达的通讯和交通意味着人类群体是无法彻底脱离这个世界而存活的。与之相反的是,人类之间的距离被压缩,人类之间的关系日益紧密,正在形成一个全球共同体。尽管形成的差异让我们相互争斗,我们依然形成了一个全球社会。

然而,这个全球化世界并不需要牺牲多样性来给予我们伟大的礼物。夏尔丹不认为这会导致同质化,相反会成为"创造性联合体"(creative union),多样性会得到进一步发展和丰富。夏尔丹写道,"在任何领域,不管是组成身体的细胞,组成社会的人类或是组成精神体的元素,它们的组成方式都是不同的。"[2] 小到原子大到世界,其组成元素的核心都是紧密相连的。就像物理学中认为宇宙中任何有质量的物体核心都互相有引力作用一样,世界各国首都的相互联系将会更加紧密,它们会展现自己最富有创造力的一面,为城市注入新能量,进一步加深对自身的理解。

要在第二轴心时代下实现这一理想,就需要一种特别的参与方式。著名普世主义者雷曼多·潘尼卡教父(Raimundo Panikkar)呼应了两种不同的声音,一个是伊本·阿拉比(Ibn al-'Arabī),一个是马丁·布伯(Martin Buber)。潘尼卡教父提倡"对话的对话"(dialogic dialogue)——有别于辩证的对话(dialectic dialogue),后者的侧重点在于反驳他人的观点,而不是向对方学习。我第一次知道潘尼卡教父的理论是五十年前从我的导师尤尔特教授那里听到的,那个时候潘尼卡教父及解放神学理论还没有像现在一样被北美和欧洲的神学家熟知,尤尔特教授将思想领域"对话的对话"分为三个阶段。他的分析对于当今正在发展中的全球公民社会有很大借鉴意义:

> 首先,参与对话的各方要在相互理解的氛围下会面,做好准备,随时纠正对方误解,渴望欣赏对方的价值观。第二阶段,通过进入对方的意识空间,对话的各方都得到了充实,每人都可以从对方的视角体验其价值观。这一过程意义非凡,各方可以在别人的传统里发现我们自己意识里潜藏或萌芽的价值观。这个时候要注意尊重对方传统的独立性:用夏尔丹的话来说,即合一的同时要珍惜差异,因为差异是创意的基础。第三阶段,如果可以达到具有创意的合一,不同的文化也就转移成为了一种复杂化的意识形式,这就是 21 世纪的

特征。³

2008年5月在肯尼迪图书馆,英国首相戈登·布朗呼吁全球领袖抓住这个大同世界的机会:

> 罗伯特·肯尼迪(Robert Kennedy)总统留下对当今时代最为重要的宝贵遗产就是他在1962年独立日发表的演讲,呼吁一个全球相互依存宣言。确实,如果1776年独立宣言宣告了一个不言而喻的事实(人人生而平等),那么肯尼迪1962年的相互依存宣言则又为我们引入了另外一个不证自明的真理:全世界所有人都是相互依存的,互相守护的。正如马丁·路德·金(Martin Luther King)所言,我们每个人都在一张无可逃避的互助网络中。⁴

布朗接着说:"引用肯尼迪总统的一句格言,新领域是没有边界的——虚拟世界中的互联网、手机、电子邮件没有界限;个人之间也没有来影响、通知甚至激怒对方的界限。正因为时代在更新,所以我们必须像罗伯特·肯尼迪所说的那样,进行全新的思考,告别过去,拥抱未来。"⁵

在肯尼迪总统时代,外交关系的建立几乎只是局限于政府与政府之间,而现在我们需要认识到我们身边发生的事情同外交是息息相关的,人们随时随地同世界各地的人们促成协会,建立联系,构成群体。大家在文化、教育和社会行动里,发挥个人能力跨越国家界限,大部分时候结果是好的,但有时候结果也是不好的。这种个人的外交行为促使一些机构和权威部门进行仿效,各国监管部门、环境和发展部门、军事部门、执法部门和审判部门也开始跨越国界进行合作。

这种夏尔丹式、普世合一、世界主义的世界观可能看起来比较天真,尤其是在当今政治政策的衬托下更是如此。虽然我们遭受着黑暗势力的侵袭,但是我相信这样的愿景是有可能实现的,而大学在促进这个愿景的发展过程中会发挥着至关重要的作用。我用马丁·路德·金的话来说,全球化的发展弧线最终是否会达到一个道德上更美好和更一体化的世界?答案是:我相信会达到。我的底气来自于过去六十年来宗教信仰的普世合一从理想变为现实的基础,而世俗世界的合一进程理应比宗教更容易实现。

我从纽约市的日常经历中汲取到希望,纽约可能是世界上第一个普世之城,城市不仅是全球化的城市也是本土化的城市。1609年,阿姆斯特丹曾经是欧洲技术最为先进、文化最为多样的城市。国土面积虽小,但是非常有活力,具有冒险精神。17世纪全世界出版图书总量的一半都来自这个城市,并且还派出了远征探险队探索未知的海域和陆地。当时受聘于荷兰东印度公司的探险家亨利·哈德逊(Henry Hudson)在一次航行中驶入了纽约港。他发现了一个岛屿,这个岛屿在几百年后成为全球商业贸易和文化思想的枢纽,它的影响范围比哈德逊航海目标的最远处还要远。

这个岛屿因为这些渊源被命名为新阿姆斯特丹(纽约市在17世纪时的旧称),之后变成了现在的纽约市,它成为美国试验的城市原型,为移民敞开大门,因为众多文化而越发充实,努力谋求发展。拉塞尔·肖图(Russell Shorto)在有关荷兰曼哈顿的史诗故事的书中描绘了当时的新阿姆斯特丹是追求变化、富有抱负,并通晓多种语言的:"从一开始它就是曼哈顿。"

如今,纽约市有四成公民来自美国之外的地方。[6]纽约街头可以听到来自不同国家的人们讲着140种自己的母语。[7]值得注意的是,纽约各种文化紧密相连的同时也有自己的独立领地,在那里人们保留着自己国家的饮食习惯、音乐传统和语言文法,但是他们走在纽约大街上会认为自己首先是纽约人。纽约市并不完美,但是它的确让我们看见了世界未来可能的模样。

如果我们认为自己被困在原地无法前进——我们面临的困境就像身处在暴风雪之中寸步难行——如果我们因此放弃不再为我们的理想世界而奋斗,那么我们就不会有任何进步。拥有希望的唯一途径就是拥有信念,正因为我相信,我才选择做一个乐观主义者。

我们非常清楚,如果我们要将全球化的各种力量往好的方向引导,我们就要拥抱差异、互相理解、建立对话。在建立一个紧密相连世界的过程中,我们每个人都必须在我们力所能及的范围内,为他人的健康承担责任。我们不仅要对我们所在的社区的人给予关爱和包容,而且还要走出自己的社区,将关爱和包容扩大到全世界。

在这场对抗本土主义和种族中心主义的斗争中,大学作为新轴心时代思想的代表,可以为尊重差异的世界打下基础。大学是寻求理解的家园。正如我们看到的那样,大学是对话的工具——抵制孤立和分裂。大学可以通过不同情况发展新的知识模式,因为大学清楚断言和缄默的危险,也深知知识同质化和党派界线在日常交流和学科研究中是很致命的。

不仅如此,大学还有能力研究全球化的起因、影响以及意想不到的后果。可以说没有地方比大学更适合呼吁大家关注正在转变中的世界了,我们需要关注全球化趋势带来的明显变化以及未知的后果。

我们的大学有能力成为客观的评价者,为社会公正、基本公平、社会制度和结构的透明度等关键问题提供分析。它们可以引发一场关于道德后果的严肃对话。大学可以辨别、衡量和判定决策制定者的折中方案和优先事项,同时可以保护异质性。大学还可以独立于"市场世界"之外,尤其是在当下市场即将成为衡量所有事情的标准。简言之,大学可以成为社会的监督者、全球化时代的问题发现者,为社会提出问题和提供选择,并要求公共政策制定者给出一致的、可辩护的答案。

大学不仅仅是世界的观察者,还是参与者。他们评价他人表现的标准必须是他们自己行为的标准。大学自己必须成为负责任的全球公民。

大学、思想之都和新世界主义者

　　位于城市里的大学和院校对于推动世界普世主义的发展具有独特的优势,它们可以从诞生和孕育了自己的都市中汲取源源不断的生命力,吸收知识和文化人才。大学有着共同的机构性的遗传特征,反映着一种"地域先天优势"——聚集着思想(人才)和物质(基础设施),拥有企业家精神,兼具复杂性和开放性,突破界线与世界联结在一起。许多优秀的城市大学是没有围墙的。就像纽约大学一样,这些大学就是典型的"城市即大学,大学即城市"。纽约大学确实是一个很好的例子,证明了全球化时代大学和城市之间可以起到相互促进发展的作用。

　　1831年纽约大学成立之时纽约市还比较小,当时纽约人口基数只有20万人,刚刚超越费城成为美国第一大城市。那时美国依然是农业社会,从地图上看现在的曼哈顿第十四街以上都是农田。一开始,纽约市的市中心是进口、制造和运输商品的门户,当其他城市在港口和制造领域超越纽约之后,纽约将市中心进行了改造,并将其打造成美国三大产业领域——金融、保险和房地产——新型商务交易的中心,这三大产业后来被称为经济上的FIRE产业。

　　就像之前的港口门户经济一样,FIRE产业不断发展壮大,纽约也随之繁荣起来。在由证券交易推动的经济体系下,企业家们发现公司靠近股票交易大厅会带来巨大的发展机遇,这可以让他们每天甚至每小时进行交易。保险业紧随金融业之后,房地产业也蓬勃发展起来。

如今,互联网快速发展,地理位置靠近相关产业已经不再具有强大的吸引力。金融业、保险业和房地产业相关工作岗位在过去三十年里减少了10%。[8] 高管们经常人在科罗拉多的阿斯彭或人在加勒比海就可以做交易,他们会根据具体情况来规划自己的生活,决定公司的地理位置。作为应对之策,纽约再一次对自己进行了彻底改造,全力发展最新的三大领域,即智力、文化和教育产业(ICE),将其作为自身在FIRE产业的传统优势的补充。我们的大学身处FIRE和ICE产业组合战略的中心。

纽约是全美大学生人数最多的城市,在哲学、数学、法律和电影这些差异很大的领域,它仍是世界学术之都。学术研究的活跃性在科学领域里表现的淋漓尽致:132名在世的诺贝尔奖得主,146名国家科学院院士,修习科学领域学科的学生和博士后的数量最多,11个重要的学术医学研究组织,以及5个生物学博士项目。[9]

纽约州的发展依托于纽约市的优势。全美五十个州中纽约州是全美学生异地读大学的首选(不管是总数还是净额)。纽约州比其他州拥有更多排名在前一百名的大学,[10] 其中七所纽约州医学院位列美国前五十名。[11]

第三章 以普世主义世界为目标的大学

2008年,英国首相戈登·布朗和我谈论起了大学之间的相互联系、FIRE 和 ICE 产业以及世界范围内创意资本的出现。

我告诉布朗:"这个世界已经逐渐融合成了一个网状的世界,大学成为这个世界的一部分是必然的发展趋势。因为大学一直以来都是超越主权国家的存在。"过去一千年来,大学所创造的思想知识和学习机会都是跨越了边界和语言障碍的。

布朗拿出了一个平板电脑对我说:"我要把你的话记下来,我可以用得到。我特别喜欢你这个关于跨越主权国家的观点。"

"首相先生,"我答道:"对于我这样一个大学校长来说,使用'超越主权国家'这个词是一回事,由一位国家政府的领导使用这个词又是另外一回事了。"

他回答道:"你这样说也是不对的。您所说的那些力量必然会编织出一个思想之都的网络,作为英国的领导人我有责任提前做好规划,让伦敦能够成为其中主要的网点。"

时光如流水。自我们那次谈话后发生了很多事情,包括英国脱离欧盟和2016年美国总统大选,这次选出的美国总统似乎致力于瓦解美国自二战以来努力建立的一个互相连接的世界。2008年我们根本想不到今天崛起的孤立主义。尽管如此,我依然相信,从长远来看,布朗先生当时说的是对的,思想之都形成的网络会广纳人才,世界的希望也由此而生。不论是否相信当下是轴心时代,未来最伟大的城市(人口中心)的发展动力更少来自生产制造,更多来自最具创造力的全球公民之思想和创新。大学和它们所创造的城市环境将会是优秀人才蜂拥而至的吸铁石。

当然,大学并不是智力、文化和教育产业中结合传统FIRE产业创造"思想之都"的要素。在纽约和世界上其他20多个主要思想之都,优秀的大学与其他文化和艺术机构结合在一起:博物馆、图书馆、剧院、音乐厅、工作室和美术馆。但是,强大的大学是ICE产业的精髓。就像丹尼尔·帕特里克·莫伊尼汉(Daniel Patrick Moynihan)在回答如何建造一个世界一流的城市时所说的那样:"先建一个世界一流的大学,再等下一步。"

哪些人将居住在这些思想之都呢?

公元前4世纪,当有人问锡诺普(Sinope,如今位于土耳其境内)的古希腊哲学家第欧根尼(Diogenes)来自哪里时,他有一个著名的回答:"我是一个世界公民。"——第欧根尼用世界主义者(kosmopolites)这个词形容自己。他认为自己不受地理范围的限制。在古希腊文化中,无论身份是什么或出生在哪里,世界主义者都将他们当作同胞,因为都是人类,所以他们应该得到关爱和公正。

数千年来,包括孔子、苏格拉底、伊本·阿拉比、彼特拉克和康德在内的思想家们都认为世界主义是社会的基础。之后,世界主义者这个词有了第二层意义——即有文化修养的或见多识广的人。综合起来,世界主义者的含义是指一个人是世界公民,可以通过更广的视角来看待他人。世界主义者在保留自身的地方、国家、种族、宗教、文化归属的同时,会拥抱、尊重、学习和适应世界差异性。也就是说,世界主义者是具有普世主义精神的。

我在纽约大学的同事阿皮亚将这些社会新型领导者称作"世界主义爱国者"。[12]

> 世界主义爱国者认为世界可能变成这样:每个人都是一名坚定的世界主义者,对自己的家乡有归属感,携带着自己的文化特征,但同时乐于发现其他的地方,这些地方有不同的人。
>
> 在世界主义者想象的世界中,不是每个人守候在家乡就是最好的,因此不同地方人群的流动不仅仅是文化旅游(世界主义者认为这项活动非常有乐趣),还包括移民、流浪、大移居等。这些行为常常是在迫于某些不良势力的影响下发生的,之前的移民通常都是难民,大移居通常是被动的放逐。但是令人憎恨的被迫行为如果是出于个人或群体的自由意志,那么就会变成一件值得庆祝的事。[13]

在世界主义爱国者的世界中,人们会承担自己作为公民发展家乡文化和政治的职责。许多人会在自己土生土长的地方度过一生,这也是本地文化传统得以传承和传播的一个原因。还有一部分人会走出家乡,带着自己家乡的文化传统去其他地方。这样的结果会形成一个这样的世界,其中每种本土文化形式都可以通过持续的文化融合过程发展到最佳状态——这个世界很像我们如今的世界。

世界主义者会逐渐被吸引去往那些可以容纳其生活方式的地方。他们会聚集到思想之都,向这个城市贡献自己的态度和才华,让这个城市持续发展下去。思想之都不是一个新事物,但在过去其影响力往往局限于本地或本区域。相比之下,本世纪思想之都之间的交流将会是全球性的,就像意大利文艺复兴时期哲学家和艺术家们会在米兰、威尼斯、佛罗伦萨和罗马自由流动一样,在未来几十年思想领导者和他们的理念会在阿布扎比、伦敦、纽约、上海和其他主要城市之间流通。我的同事理查德·佛罗里达(Richard Florida)曾说过,我们正在发展的世界是"尖"的,不是"平"的,人才、资源和机会聚集在某些地方。他的观点是,全球化并不会创造一种公平竞争的环境,而是对世界的重新布局,那些可以吸引最多创新力的地方将会拥有最光明的未来。

这个发展趋势已经有了良好的开端。到2050年之前,世界的创新力之都就会出现。现在的一些城市因为其强大的人才聚集力看起来很有希望,但是如果因此自得自满或缺乏远见的话,就会浪费掉自己的机会。没有任何城市可以凭借传承或者偶然的机会变成思想之都,要取得这样的成就需要远见并为之努力。如果一个国家的领导者想要塑造未来,不能仅仅被动作出反应或者仅仅作为一个观察者存在,而是要注重发展创新型产业。

纽约大学早就发现了纽约市的吸引力并利用学校的地理位置吸引优秀的教授和人才。即使学术界日渐专业化和细化,那些学术创造最富有激情的同事们仍希望生活在一个同他们一样有生命力的环境中。比如,顶尖的遗传学家不仅希望和其他著名的遗传学家进行学术探讨,还希望同伟大的哲学家、政治科学家以及文学和艺术领域的学者们进行对话。他们希望去听世界一流的乐队演奏,观赏一场广受好评的芭蕾舞剧或者戏剧,他们还希望自己的家人也可以有这些际遇和经历。我们在大学教授身上发现的这些特点在其他人才身上也是适用的:有才华的人往往希望生活在其他有才华的人周围,这些有才华的人不仅仅局限于自己的领域。世界主义者希望同其他世界主义者们共同生活在思想之都,而思想之都也是因为他们的到来才得以存在。

普世主义世界下的大学模式

五百年来,生存下来的 85 个机构中,其中七成是大学。[14] 大学一直是推动审慎规划进步的孵化器,保留智慧和知识的同时挑战着正统观念。几个世纪以来,优秀大学的结构已经发生了变化,但是大部分时间,进化的速度比较缓慢。

美国大学的传统模式仍然是全球大学的标准。大学排名总是存在问题且不够精确,但是许多年来,通过各种衡量标准,美国大学一直在全球大学排行榜中占据主导地位。在大多数情况下,前十名中有七名以及前五十名中40%以上的研究和学习中心都在美国。

传统大学在很大程度上是由地理位置定义的。大部分大学身处某个地方,就会认为自己和这里是关联在一起的。但是当世界的联系变得越发紧密,全球化的影响力越发显著时,几所知名大学在运作方式以及结构上发生了微妙但关键性的变革——这样的变化在未来几十年会越发明朗化。

不论政治上是否合适,如今大学的运作越来越需要跨越国界了。原华威大学校长、现任清华大学苏世民书院美国办公室执行主任薛伟德(Sir Nigel Thrift)这样说道:

> 全世界的大学都面临着学生需求和科研经费全球化趋势的挑战,它们需要在国内和国外进行全球化运作来迎接挑战。这些挑战在国内是较容易克服的,现有的流动性和多样化模式可以得到迅速增强。然而,向跨越本地和本国文化的世界去展示我们的制度文化,并且我们的大学并非当地制度的一部分时,这项工作就是一项非常具有挑战性的长期工作了。在本国范围之内,有关国际化的对内政策是相对容易的;"国际化的希望"或者换句话说多样化主要是由我们自己来决定的。

在国外遇到的挑战要远高于在国内遇到的挑战,但这也更加引人注目。研究型大学在全球化时代的知识经济领域扮演着关键的角色——推动创新,创造可持续性发展变化,教育全球公民以及参与解决世界难题。但是如今极少有大学在全球有分部或者拥有全球的关系网络,因此无法在未来几十年发挥有效的作用。[15]

在给耶鲁大学社区的一封信中,时任耶鲁大学校长的理查德·莱文(Rick Levin)和教务长彼得·沙洛维(Peter Salovey)(现耶鲁大学校长)呼吁大学给予这些挑战大胆回应:"世界领先的大学在本世纪中叶到来之前必然会在全球开设校园。如果大学想要在 21 世纪对世界作出巨大贡献,就像 20 世纪它们对国家作出贡献一样,那么它们就需要更大的全球影响力。"[16]

伍德罗·威尔逊国家奖学金基金会主席阿瑟·莱文(Arthur Levine)提醒那些不由自主地想要采取谨慎措施的人:"某些大胆的大学将成为领导者,另外一些大学会成为推广者,而沉浸在过去旧时光的大学将注定失败。"[17]

无论我们的大学是否像评论家所说的必须进行机构性改革(对此我是持肯定态度的),它们对于我们这个世界所特有的互联性都会做出不同的应对,并不是说只有一条"正确的"道路。

一些知名大学会选择继续走之前的光辉道路,仅仅作出最低限度的调整措施来应对全球化带来的影响。毋需置疑,其中一些大学会继续吸引非常优秀的教授和学生,它们选择久经验证的方法来保持优异传统,而墨守传统的代价就是这些大学将面临人才和知识的流失。这些知名大学的佼佼者不乏几个世纪以来世界领先的大学,它们会在未来的几十年荣光依旧。

有一些大学会采取一些略微——仅仅是略微——积极的策略:它们会继续做好之前一直在做的事情,同时通过更加精心设计的学生交流项目、偶尔的学者访问以及跨国界学科合作,付出一定的努力来创造国际化的可能性。大约一个世纪以前,一些学校就开始让学生到别的地方学习一到多个学期。如今,虽然有些大学因为学校架构问题为学生设置了一些障碍,但是几乎每所大学都有这样的交换学习机会。在未来,大学会更关注学生在全球的学习交换机会,并通过增加国际学者的数量来增加校园内的全球性体验——虽然选择这种模式的大学通常会认为这些举措虽受欢迎,但并不认为会对学校的教学和研究有质的提升。

还有一些大学会选择第三种模式,比第二种更加大胆,它们会同合作学校组建正式的联盟,在这个联盟网络中的学生甚至教授可以流动,就像航空联盟使用的代码共享网络系统。这种模式可以让希望深入接触全球思想的学生在本校之外享受到更多更好的学习和研究机会,同时依托于合作学校的实力保证课程质量和融合度,使学生能够满足本校项目的标准和规定。

大学有很好的理由选择以上三种模式之一。在我看来,有些因素是将普世主义精神融入大学的架构和精神之中的先决条件,但是一些大学可能认为这并非是优先需要考虑的因素。还有一些大学可能会坚持一套自己的价值观,反对将学生送到校园之外。另外一些大学可能受制于政治因素(比如公立大学必须向董事会和资助它们的立法机构进行汇报,或者一些大学必须向校友们汇报,而校友对于自己母校的发展持有较为传统的观点)。最后还有些大学可能有财务方面的考虑,比如学生在外学习期间收入减少的问题。

美国教育委员会(ACE)2012年发布的有关全球合作的"蓝丝带专家小组"报告中写道:"具体的合作方式可以是多种多样的;每个机构需要在自己的使命、愿景和能力的基础上建立良好的合作关系。在这个背景下,考虑到ACE的传统角色,ACE需要引领和协助美国大学和院校在全球化的教育环境下,在一个互相联系的世界中,战略性地并带有实质行动地迎接那些势在必行的趋势。"[18]

前面我们已经了解了大学可以选择的三种发展模式,现在我要说的是第四种模式,这种模式对于我之前所说的思想和人才的全球流动具有很强的包容性。该模型旨在创建大学中的态度和结构性变化,与此同时还会继续保持自身的特质,这是它们之所以成为优秀的大学的原因:智力的严谨、开放的探索、成果的评判、学术的自由以及广泛的学科兴趣。

大约在2000年之后,很大程度上在我的倡导下,纽约大学选择了第四条道路。而我的优秀继任者安德鲁·汉密尔顿(Andrew

Hamilton)在牛津大学任校长七年之后接替我成为纽约大学校长,他宣布纽约大学会继续向这个方向行进。普世主义精神在纽约大学和它坐落的纽约市的本性之中。接下来我要谈的,并不是要预测纽约大学将来会变成什么样子。最关键的一点是,纽约大学已经取得的成功充分证明了一所真正的全球性大学是可以创办起来的。因此,纽约大学的特征值得我们仔细研究。

纽约大学全球教育体系架构

纽约大学发展成为全球教育体系,自然而然,来源于其历史和特质。坐落于国际化的都市之一,纽约大学肯定了纽约市对于其发展使命以及教授和学生的生活及工作具有重要作用。近两百年的历史中,纽约大学是由它和纽约市的关系以及纽约市所代表的精神来定义的。

如今,纽约市成为了世界的一个缩影。在纽约市不同的学校里,我们可以看到来自各个国家但是出生在美国的孩子们。在城市的街头巷尾,游客可以听到来自世界各地的语言、歌曲和祈祷,品尝世界各国的美食。纽约人在那些分裂他们的问题上挣扎,但最终,他们为第二轴心时代下的"社区组成的大社区"而努力。

纽约大学和纽约市的联系不仅是地理上的,还有这个城市的意识和性格。像纽约市一样,纽约大学是一个能听见多种声音的极其复杂的有机体。大学对于自己的定义并不是通过传统意义上具有统一性的大学活动（如体育运动）而来的。奇怪的是，纽约大学的统一性元素是自身的复杂性——这样的复杂性给教学带来的机遇和挑战，学生在一个不易寻找的社区环境里学习寻找社区的技能。

纽约大学围绕这一现实情况开展项目。学生宿舍的特色是学生可以选择"探索楼层"，在宿舍辅导人员的带领下，那些对于国际象棋、舞蹈、爵士、填字游戏、食物等感兴趣的学生们各自聚在一起，探索着近50种主题。这些主题楼层可以让学生建立一个小的社团，然后在此基础上同其他社团建立联系。学生对于纽约市不同街区的探访比较注重访问来自各个国家的人们。随后，当学生们有了这些经历后，我们就鼓励他们在纽约大学的全球学习中心度过至少一个学期。纽约大学是全世界让学生在外交换人数最多的大学，很多学生在母校之外的校园要学习两到三个学期。纽约大学一直以来都是立足于纽约市并成为纽约市的一部分，现在它开始立足于全世界，成为世界的一部分。

纽约大学这个举措产生的影响仍在消化中，但在实施第四种模式的过程中已经展现出来三个特征。这些特征，随着纽约大学的发展和在其他地方的发展，可能会成为这种模式的组成部分。这三个特征是：选择第四种模式的大学将会是全球性的、连接性的、整体性的。这并不是一个中央辐射型或者分校系统型模式，而是一个有机流通的系统，教授和学生在系统中毫无阻碍地流动，日常研究和学习就像在同一个校园的不同楼宇之间一样简单。通过避免其他几个模式中可能会出现的流动障碍，这样的流动模式不仅可以保证学校质量，而且还可以获取独特的学术优势。

门户校园（portal campus）是纽约大学全球教育体系中基本的组织要素，是各种活动的主要据点，并与纽约大学存在附属关系，具有容纳其全部教授和学生的能力。门户校园是可以发放证书的。如果学生愿意的话，他们可以在同一个门户校园完成全部学业课程，不需要在体系内其他地方学习。然而，每一所纽约大学的门户校园同其他两所都是紧密相连的，并建立在其他校园的经验和基础上。如今，经过精心运作和综合考虑，纽约大学已经有了三个门户校园——分别在纽约、阿布扎比和上海。

纽约是大部分教授、职工和学生的大本营，在大部分领域比另外两个校园拥有更多样和更深度的学科项目。尽管如此，阿布扎比和上海校园也开设有不同的教学和研究项目，保持着最高水准，并且其中一些项目是纽约校园没有的。

除了三个门户校园之外，纽约大学体系中还有11个"学习中心"（study-away sites），分布在全世界六大洲。每个中心都是同门户校园的学术目标和项目融为一体的。除了基础教学课程外，每个中心还会根据自身所处的独特环境提供更多的机会。比如，阿克拉中心的重点是全球公共健康和经济发展；柏林中心的重点是艺术和人文；布拉格中心的重点是音乐、国际媒体和政治转型；悉尼中心的重点是环境、本地文化和影视。这些中心吸引着对这些领域特别感兴趣的教授和学生,他们认为将自己置身于特殊环境中学习是非常重要的。此外,学习中心也吸引着那些对新鲜事物感兴趣的人前来学习。

这个体系最大的特点就是流动性强。每个学习中心设置了很多基础课程,能够让学生完成课程要求,甚至在某些学习中心,这些课程还涉及工程、科学、商科和影视等学科项目。学习中心的所有课程设置均由纽约校园相关部门审批,审批通过后的课程和纽约校园提供的课程具有同样的学习效果。学习中心还是举办会议、讲座以及研究的场所,某些地方还提供一些研究生项目,学生修完可获得证书。综上所述,学习中心是纽约大学同中心所在城市的学术和知识社区深入交流的纽带。

虽然这些学习中心一般将重点放在大三和大四学生身上,一些学习中心现在也为大一新生提供项目。我们发现许多大一新生倾向于在学习中心开始大一学习,大二回到纽约,大三在体系内其他地方学习,然后大四再回到纽约。最近一名毕业生四年的本科生活中五个学期都是在学习中心度过的。

充分利用学习中心的优势,学校和部门可以开发新的项目,设计更好的课程计划。例如,纽约大学商学院允许本科生在纽约学习五学期,在伦敦一学期,上海一学期,布宜诺斯艾利斯一学期——所有上课老师均是纽约大学挑选的,课程是纽约大学设计的,课程质量由纽约大学把控。这样的课程设计是非常丰富充实的,可以让学生更好地适应当今的商业环境。在纽约大学的大部分学院中，已经运行或者正在开发着类似于这样的项目，充分融合了各自的学科特点，项目中的课程均符合所有学业的要求。通过科学技术的运用，还有可能在一个地点的课程有其他地点的学生加入，让学生既可以探索世界的普及性，也可以探索本地的特殊性。

显而易见，当纽约大学认为已经有充分的学术理由，且如果不建立这样一个"系统外"的中心无法发挥学术优势时，就会建立有特殊目标的学习中心。比如，大学在几个遗迹考古地开设了中心。这样特殊的中心在其他大学结构中也可能存在，但它们没有设置一般学生中心应有的附加服务设施（比如宿舍、课外活动、实习机会或者咨询服务）。

纽约大学目前的教育体系并不是一蹴而就的，而是花费了整整五十年的时间。它在美国之外首批正式成立的学习中心分别于1959年设置在马德里以及1969年设置在巴黎，一开始学习中心仅仅面向西班牙语和法语专业的学生，后来扩大范围有了其他学生。在2000年之前，纽约大学在佛罗伦萨和伦敦也建立了学习中心，开始鼓励学生认真考虑这四个中心选择之一去学习一个学期。此时，纽约大学要面对的两个现实就显现了出来。第一，学习中心项目全部是以欧洲为中心的。第二，只有7%的学生选择去国外度过一学期，而其中最多的是语言专业学生。作为一个拥有纽约市精神的大学，这样的状况是很难接受的。

在2000年之后的五年里，纽约大学在阿克拉、柏林、布宜诺斯艾利斯、布拉格、上海、悉尼、特拉维夫和华盛顿分别设立了学习中心。到 2005 年,我们对于大学同全球化的关系及其逐渐成型的网络关系有了更深入的了解,从而意识到阿拉伯和穆斯林世界——占据全世界四分之一人口数量,拥有宝贵的知识和文化历史宝藏的国家——在我们的网络中是缺失了的。

我们当时对几个可能的地点进行了选择,但几乎每个我们咨询过的人都告诉我们阿联酋阿布扎比的领导力和文化都非常适合我们。随着对阿布扎比了解的越发深入,我们发现阿布扎比是一个崛起的思想之都。全世界四分之三的人居住在阿布扎比,这个数量与美国纽约是类似的。就像纽约一样,阿布扎比是一个非常开放包容的城市,这也来自其继承的贝都因的好客文化。阿布扎比的文化加上一流的领导力和抱负,使阿布扎比成为最佳选择。

所以 2006 年教务长组织了一个教授委员会,在做决定之前对这个选择进行分析,并提出了一些需要考虑清楚的问题。委员会主席是当时的教师理事会主席。委员会建议我们对阿布扎比的研究继续进行下去,前提是确保纽约大学可以在学术、课程、招生和招聘方面有绝对的控制权,确保学术自由的核心原则在新校区得以执行。在接下来的六个月内,我们的阿布扎比合作伙伴同意了我们提出的所有条件。

在我们和阿布扎比方面商谈时,我们突破了学习中心的初始设定,提议建立一个综合性校园,就像纽约校区的功能一样,但是没有那么大规模。因为有了全球教育体系,这个新校园可以吸引来自世界各地优秀的学生，学生进入阿布扎比校园后最多可以有三个学期在教育体系的其他学习中心进行学习。

上海纽约大学的渊源和阿布扎比不同，但是在许多地方也反映了阿布扎比的建校经验。2010年，纽约大学在上海的学习中心已经成功运营了好几年，并同上海的教育部门和政府部门领导者建立了有意义的联系。通过这些联系，上海相关部门领导者了解了纽约大学，包括纽约大学对于全球教育体系的计划以及在阿布扎比取得的成功，他们开始和纽约大学探讨在上海开设第三个门户校园的可能性。

这个新校园的创建也是建立在与阿布扎比同样的条件上的——合作伙伴们相信教育的价值，理解和重视通识教育的传统，认为自己的城市是思想之都和商业中心，憧憬国际教育，认识到在上海引入门户校园可能会有强大的影响力。

截至2015年，美国纽约大学、纽约大学阿布扎比分校和上海纽约大学已经成为教育体系中三个成熟的门户校园了。回顾过去，我们认为两个早期的决定对于最终的成功是很重要的：首先，新校园本科生实施通识教育；其次，阿布扎比和上海颁发的证书是纽约大学证书。

值得注意的是两个合作伙伴——阿布扎比政府和上海政府——他们都坚持同纽约大学合作来创建一个重视通识教育传统的大学。这份坚持和承诺都表示他们在寻求开辟新领域的同时，尊重和珍视追求卓越的传统标准。

通识教育可以让人的思想得到广阔而平衡的发展。学校课程设置的范围和灵活性可以影响到学生的智力敏捷性，决定学生的视野广度，从而帮助学生把人生的转折点变成未来的跳板，而不是中断其发展。在一所研究性大学中为本科生设置这样的通识教育，是因为即使本科生刚开始自己的学习旅程，让他们接受优秀教授们的教导也是有益处的，这些教授不仅是掌握现有知识的大师，还是未来知识的创造人。在理想状态下，本科生也会参与到这个创造的过程中。

那些亲身体验过理想变为现实之奇迹的人，会被以上这些论点说服。然而，即使是一些不错的大学也常常无法将大部分本科生融入研究领域中。最前沿的学者将本科生纳入课堂范围还是相对少见的，这使得本科生接触学校的先进研究变得更加困难。从一开始，创立阿布扎比分校和上海纽约大学的合作双方就坚持最大可能地实现这个理想。这是一个具有正能量的标志——尤其是在这个时代，全球范围的政治领袖都倾向于将高等教育政策建立在狭隘和功利主义的原则之上。

决定纽约大学在阿布扎比和上海试验成功与否的第二要素是这里颁发的证书一直都是纽约大学的学位证书。当时有些人认为在"主校园"之外如此遥远的地方发放学位证书对于纽约大学的标准和"牌子"会造成不好的影响，然而真相恰恰相反。将纽约大学证书作为赌注，创建了这些门户校园的团队最终确保了校园每个学术元素均符合最高标准，因为有守护人——院长、教授和学术领军——时刻警惕着授予学位的质量。

守护质量的承诺——从教授任命到招生录取再到课程设计——由于全球教育体系中教授和学生的流动得到了进一步加强。事实上,将全球教育体系作为一个流动的体系而不是作为分支校园联盟的理念,是保证学术质量的一个关键因素。就像一位资深的纽约大学教授说的那样:"如果体系里的那些学生,接受的是那边老师的课程教育,要来到我这里上课,那么我就会关注那边发生了什么以及谁在做什么。"他确实这么做了,其他的资深教授也是这样做的。两个门户校园所达到的质量水平超过了任何人的想象。

纽约大学全球教育体系的任何一部分或者任何选择了这样一种模式的大学都不需要放弃校际合作联盟(比如世界大学联盟(League of World Universities)、21所大学同盟(Universitas 21))或者其他辅助性项目,不需要放弃这些交换学习和研究机会。相反,纽约大学有数百个这样的联盟项目,全球教育体系让这样的校际合作变得更简单更有效了。因此,如果纽约大学的教授或者学生倾向于走出自己的体系之外,在别的合作机构中工作或者学习,他们也是可以自由选择的。

然而大部分纽约大学的学生选择在自己的全球体系中流动,因为这样做有很多显著优势。门户校园和学习中心是完全整合的,在一个地方完成的学术工作可以作为在另外一个地点开始工作的基础,而综合性技术的应用让研究人员和学生能够更容易在不同的地方进行合作。教育体系还将图书馆、行政支持、联网数据库以及医务服务无缝连接在一起。

虽然纽约大学全球教育体系的技术支柱很重要,但是技术并不能代替人际互动。全球教育体系的一大优势在于,新技术可以让体系内的互相联系和沟通变得更加紧密,教育体系本身也会持续地为人与人之间创造互动的机会。一杯咖啡的交谈中往往会带来不少重要的见解。美国高等教育的一个重要特征就是强有力的对话,这样的形式可以让学生作为主动参与者进行学习,而强有力的对话在很大程度上依赖的是人际互动的魅力。因此,让学生和教授同时在校园里是很重要的,技术可以作为支持性的工具发挥作用,但不起主导作用。

因为纽约大学的门户校园和学习中心都位于思想之都,因此成为当地知识和学术圈的一部分,大学的成员由此获得更多的机会接触当地的学校、工作场所、政府机构、研究中心、博物馆、公司和社区机构。这些关系可以为纽约大学提供经典式体验,比如社区服务和工作实习。

这种完全运行的全球教育体系有万花筒一样的效果。一名纽约、阿布扎比或上海的教授可以在几个地点授课。作为课程的一部分,这名教授可以布置团队作业,让来自不同校园或学习中心的学生一起合作完成。这种作业形式可以培养学生更深刻的洞察力,在这种全球教育体系中,还有可能为学生们今后长久的友谊奠定基础。团队小组的一些成员乃至全部成员可能决定在下个学期或下个学年聚集在一起，在某个学习中心一起交换学习一个学期。学生的小团体可能以不同的形式、在不同的地方组队、解散然后再重组。

我们的全球教育体系是自然地沿着学科的发展道路建立起来的。最先进的科研通常依赖于全球合作，科研领军人物能够同全世界的科研人员进行合作。教育体系将这个理念融入大学的架构当中，并对其进一步拓展。当教授和学生在这一体系中流动时，他们不仅从每个地点的特有属性中获益，而且也受益于中心到中心之间的流动经验，以及在这样一个快速变化的环境中自然培养出来的合作模式。

纽约大学长久以来凭借格林威治村和纽约市绝佳的地理优势吸引了众多人才，如果不处在这个位置，可能就不会有这样的吸引力。如今，纽约大学有了独特的全球教育体系的优势：全球教育体系和较强的学术流动性增加了吸引优秀教授和学生的机会，他们是纽约大学的命脉。

纽约大学阿布扎比分校和上海纽约大学是对理念的验证

2006年，当阿布扎比的政府部门和纽约大学将双方合作关系概念化时，他们设定了志向宏大的目标。他们希望吸引学术领军人才，希望吸引和世界顶尖大学里的一样优秀的学生。十年之后，我们发现已经实现的成就比当初宏大的目标似乎还要高。

最初纽约大学阿布扎比分校的领头人是纽约大学的一位院长，她和丈夫以及年幼的孩子搬到了阿布扎比。当时美国一所著名的通识教育院校的校长离开了学院，变成了阿布扎比分校的首任副校长。纽约遗传学领域的一个重要项目负责人也搬到了阿布扎比，同时他将实验室也搬到了那里，成为了学校的教务长。就像这样，从招生部到公共安全部到学生事务部再到信息技术部，许多优秀的教授和职工满怀热情地加入了这个项目。十年之后，大部分人仍然留在这里。

选择来阿布扎比的人有着不同的原因。一些教授为学校的使命和从头搭建一个课程框架的机会而来，比如，重新设立创新性的科学课程而不受现有结构的拘束。有些人为科研兴趣而来，比如，有位专注中东研究的教授，希望征询和组织阿拉伯著作并进行权威的翻译工作，到现在这个梦想已经实现；又比如，一位语言神经系统学家对于这个地区的语言很感兴趣。

从一开始，创立者希望阿布扎比分校成为一所研究型大学，拥有全面发展的文理学院。2007年，也就是第一批学生尚未到来的三年前，学校团队开始招聘教授。其中一些教授是纽约大学现有的教授，定期流动过来授课。其他教授由纽约相关部门进行选拔，大部分时间都会常驻阿布扎比授课，这些教授一起开发新校园里的通识教育课程。同年，纽约大学一些学术领头人开始了在阿布扎比的研究项目，项目是同纽约合作开展的。他们每年在阿布扎比组织几十场会议,会议内容跨越多个学科领域。2010年9月,在第一批大一本科生到校前,这里已经形成了学术研究的文化氛围,教授们已经为新课程体系打下基础,致力于为新入学的学生提供优质的课程和指导。

阿布扎比这一创举毫无意外地吸引了众多优秀学生。招生组从全世界寻找的是这样一群人:他们"毫无疑问有能力进入世界上任何一所院校或大学。"然而,从一开始,招生组就明白只达到这一标准是不够的。招收的每名学生需要有世界主义者的特质,能够表现出创造一个多元化的全球社区的热忱。

第一年的目标是招生100名学生。因为美国优秀的文理学院招生成功的比例是60%——即60%收到录取通知的学生会选择来读书——阿布扎比招生组选择了向180名候选人发出录取通知。

从第一年起,招生情况就令人非常惊喜。第一届学生申请人中仅有2%的人被录取——超过9,000名申请人里只有不到200人被录取。这些探险者来自39个国家,语言总类别达到43种。近90%的学生会说两种或两种以上的语言。其中25%的学生学术能力评估测试(SAT)口试分数高于770分,数学分数高于780分,这个分数可以申请世界上录取分数最高的大学了。79%收到录取通知的学生选择进入阿布扎比分校,这个数据是非常之高的,高于美国优秀的文理学院,同优秀的综合性大学的录取比例相当。一些学生为了来阿布扎比分校就读,拒绝了八所美国排名前十的

第三章 以普世主义世界为目标的大学

文理学院以及十八所排名前二十五的研究型大学的录取邀请。就在第一年,阿布扎比分校成为了世界上择优严格的本科生院校,也可以说是首个真正的全球性大学。

阿布扎比分校对于首批申请学生的吸引力不仅在于阿布扎比这个城市以及学校给予的学习机会,最关键的因素还在于这里可以遇到志趣相投的同龄人,他们同样有着世界主义的观念(此处使用的是阿皮亚教授对于世界主义的定义)——这些同龄人可以在阿布扎比学习,也可以在纽约大学全球教育体系中的其他校园和中心学习。虽说阿布扎比分校有着诸多优势,如果它是一个传统的大学,而不是全球教育体系的一个门户校园,那么阿布扎比分校就不会对学生有巨大的吸引力。四年过去了,除了两名学生之外的所有学生都在外交换学习了至少一学期;作为学术经历的一部分,学生们平均去过了10个国家;在享受自己世界之旅的同时,超过三分之一的学生还发表了学术文章,85%的学生有实习经历,70%的学生做了社区服务工作。

如今阿布扎比分校的招生规模扩大了(最近录取的学生大约有400名),但是学生的质量依然极高。实际上,按照通常的指标来衡量,每届学生的质量都比前一届有所提高。招生组的辛勤工作有了结果,现在四届毕业生取得了惊人的成绩。四届毕业生的总数不到1,500人,但是其中有10名罗德奖学金获得者,还有几十名学生获得了其他重要奖项,这毫无疑问要归功于学校将学生们纳入学科领头人研究项目的做法。同样令人满意的是,几乎所有2010年秋季入学的学生都在2014年春季顺利毕业了。来自世界各个角落的学生们在一起学习了四年,他们在高强度的学习中生存了下来,毕业的时候带着对学校和这个城市的热爱离开了校园。

像阿布扎比分校一样,上海纽约大学也是一个拥有全面发展的文理学院的研究型大学。有一点不同的是,上海的校园既有双重文化也有多重文化的性质:一半学生来自中国,一半来自其他国家和地区。但是教授和学生的标准与阿布扎比分校是无差别的——在所有传统衡量标准下可达到很高的水平,并且有志在学校和世界建立世界主义社区。举个例子,招收的首届中国学生不仅在900多万名参加高考的学生中分数排在前1%(这个水平是中国顶尖的大学"九校联盟"要求的水平),而且他们还通过了招生团队组织的为期两天的校园日面试等活动,确认了他们对于建设全球社区的热情。

纽约大学纽约校园的教授们踊跃而至,还有来自其他大学的优秀教授们也加入了上海纽约大学。当然,从国外来的很多教授、职工和学生是出于对中国的兴趣加入上海纽约大学。来自中国的学生选择上海纽约大学,却是因为它是一所美式大学,他们可以同世界各地优秀的同学一起学习,并通过全球教育体系进行交换学习。首届毕业生们取得了喜人的成绩,他们被世界顶尖的研究生学院和公司录取。超过95%的学生进入了研究生学院、专业性学院或者在各种专业和领域任职,包括金融、法律、互动媒体艺术、工商管理和计算机科学。

纽约大学全球教育体系前十年的经历证明,大学鼓励在世界思想之都间进行流动,对于学术界优秀人才具有无与伦比的吸引力。即使是那些从未离开过纽约(阿布扎比或上海)的纽约大学成员也可以从中获益,因为那些从别的地方通过交流而至的学者们会和他们一起探讨,丰富他们的学术生活。

有关全球教育体系的批评

鉴于对经济全球化后果无可非议的疑虑,严肃的评论家们不可避免地对纽约大学的这种模式提出了疑问。其中有四个普遍的疑问值得考虑:全球教育体系是某种形式的思想帝国主义吗?全球教育体系本质上是精英主义者的概念吗?全球教育体系可以保持学术最高标准吗?全球教育体系的运营方式同优秀的文理大学的核心价值观相一致吗?

批评一:全球教育体系是智力帝国主义

全球教育体系是因为全球化才成为现实的,同时也是对于全球化的一种应对。然而全球化本身是有争议性的,它带来希望的同时也带来了深深的焦虑和怨恨。全球化的利益不是均等的,许多人害怕它会成为世界某些地方的人用来控制和剥削别人的最新手段。

评论家们认为全球化将世界"夷为平地"。一个相互联系的全球化世界,最开始是通过殖民扩张、政治联盟和贸易关系的形式来实现的。因此毫不意外地,我们对于全球化的初步理解以及评价其对于全世界人民生活的巨大影响集中在政治和经济领域。由于有这样的历史背景,评论家们急于使用殖民化或特许经营这样的类比。

在我看来,这些类比对于全球教育体系来说并不适用。教育并不是商品。尽管有些大学在某些运营方面表现得像公司,但是大学的使命始终是知识的进步和对学习带来丰厚回报的展示。当大学"走向世界",他们的行为是由这个使命来指引的(至少理想状态下),而不是政治或经济的目标。只要大学坚持执行这些教育使命(这又是另外一个话题,我稍后会讲到),把大学对于全球化的应对举措简化为以政治和经济为目标是错误的。这样的简化论忽视了大学对于一个刚刚完成全球化的世界所能起到的作用。

纽约大学在阿布扎比、上海以及各个学习中心的经验告诉我们,全球教育体系其实是帝国主义的解药。这个网络体系完全没有老一套的控制和附属模式,而是通过理解沟通建立了一个更加公平的全球公民社会,它可以为学习带来很多的机会,从而让人的力量更为平等。拉比·萨克斯(Rabbi Jonathan Sacks)在《差异的尊严:如何避免文化冲突》(*The Dignity of Difference: How to Avoid the Clash of Civilizations*)一书中说得好:"教育——不仅仅包含读写能力还要能够掌握和应用信息以及自由获取知识——这对于人的尊严是至关重要的。因为知识就是力量,能够平等获取知识是平等获取力量的前提。"[19]

批评二:全球教育体系只是精英主义的另一种表现形式

建立全球教育体系的前提是提供思想和文化交流的机会,吸引最有创新力的教授、职工和学生加入。但是评论家们认为从众多学生中挑选少数学生的过程是精英主义行为,他们认为这种行为是天生特权支配他人的延续。

的确,大学招生的目标是为了寻找"最佳候选人"——换句话说,就是精英群体。然而,通过制定高标准寻找"精英"学生并不是精英主义,只要大学挑选的标准是公正的,寻找的人才是来自全球社会的各个阶层,并且学校能够从财务和后勤方面解决上学问题,这样的做法才是选择候选人的标准。

纽约大学阿布扎比分校和上海纽约大学为了寻找和招纳多样化的学生群体做出了巨大的努力。每年招生工作组以及近1,000名志愿者在之前几乎没人努力的领域努力寻找人才,最终被录取的学生来自世界四分之三的国家以及社会各个阶层。他们有的来自偏远部落,有的来自首都城市;他们分别来自社会的高、中、底不同阶层;近20%参加校园日活动的学生是第一次坐飞机,第一次离开自己的国家。此外,学校会为一些优秀学生提供经济资助,保证任何有资格的学生在校时安心学习,蓬勃发展,毕业时无债负身。这个非凡承诺的结果便是,优秀的年轻人可能本没有机会在一所优秀的大学里学习,但在这里他们做到了。简而言之:这是美德。

批评三:全球教育体系会降低学术标准

顶尖大学都有一个共同点——不管是以多个地点组成一个有机的流动网络,以本部为中心辐射数个分支校园,还是只有一个校园的传统类型——那就是对于学术卓越的追求。然而全球教育体系依然是一个新颖的理念,这种形式对于传统学术标准的保障程度尚未经过时间的检验。评论家们担心这种将教职工和学生分散在不同国家的新的教育形式会降低学术标准。

在这个方面,纽约大学的经验依然是鼓舞人心的。全球教育体系建立的这十年来,纽约大学在学术方面的成就远远超过它如果保持传统发展所能取得的成就。世界一流的教授、职工和学生信心十足地加入了纽约大学的教育体系。研究生、博士后和教授们拒绝了其他顶尖的大学,选择加入纽约大学的新校园,他们一起努力建立了和顶尖大学不相上下的研究环境——人均取得的研究成果可以比得上世界顶级的大学。

在阿布扎比和上海的门户校园的本科生素质堪称世界一流,经得起任何标准的考量。不管怎么统计,这些学生的录取指标都比纽约大学纽约校园的学生更强更好,而纽约校园的录取标准已经很高了。有数据显示,那些被多所院校录取的学生,倾向于选择纽约大学新建立的两个门户校园。当学生有两个选择,一个是排名前二十的传统大学,另外一个是纽约大学阿布扎比分校或者上海纽约大学,他们通常会选择后者。

阿布扎比、上海和纽约的教授们（阿布扎比和上海的学生常常选择纽约去交换学习）一直在告诉我们，阿布扎比和上海的学生是他们遇到过最优秀的学生，其他在纽约大学做客座教授的顶尖大学的教授们也有同样的感觉。

纽约大学阿布扎比分校、上海纽约大学和全球教育体系不仅没有降低纽约大学教育和学位证书的水准，而且还提升了整个纽约大学的质量。美国纽约大学现在比十年前招收学生的标准更高，申请的学生认为全球教育体系是他们决定选择这里的主要原因。纽约大学的学生保留率和毕业生满意度不断增长，学生和校友都认为全球教育体系是主要原因。

批评四：全球教育体系需要对核心原则做出妥协

任何一所伟大的大学都是建立在这样的核心原则下的：对于知识的诚笃、对于差异性的包容、对于新思想的研究和鼓励以及对于真理坚持不懈的追求。全球教育体系必须珍视和发展这些原则，而一些人却怀疑说，它做不到。

从架构上来说，全球教育体系是在不同文化背景和社会环境下运行的，美国一些传统大学的核心价值观没有受到特别的重视。事实上，有时候受到破坏的大部分原因就是在这方面，我们确实是在往正确的方向发展，因为全球教育体系的存在是播下变革的种子，大学由此尊重全球教育体系带来的核心价值和宣传其益处。即便如此，不可否认的是，在这样的环境下筹建大学的校方领导必须确保，为了适应文化差异所做的努力不能以牺牲基本原则为代价。

我们不应该为了追求完美而排斥优良。如果纽约大学因为某个城市或国家没有全部符合自己的理想就拒绝在那里建立校园的话,那么纽约大学就不会出现在纽约市,更别说美国了。我们在其他思想之都建立的那些学习中心也是同样的道理。举个例子,我任纽约大学校长的时候,一位法学院教授负责编辑一本学术杂志,因为杂志发表了对于一位法国学者作品的负面评价被法国提出刑事诉讼。同时,英国的法律规定,公众人物可以对批判他们的人提出诽谤诉讼,不像美国在宪法第一修正案中对于批判权利有相关保护规定。纽约大学并没有因此关闭法国和英国这两个国家的学习中心。事实上,纽约大学第一个学习中心就是设立在西班牙的马德里,这个国家当时在弗朗西斯科·佛朗哥(Francisco Franco)的独裁统治之下,根本不是乌托邦似的理想之地。

纽约大学门户校园和学习中心所在的 14 个城市或国家没有一个可以完美体现大学的核心原则。为了说明这一点,一位阿布扎比的学生写了一篇讽刺性的杂志文章,认为应该联合抵制纽约大学纽约校园,理由是纽约大学不应该出现在公民自由屡遭侵犯的美国。真正的问题不应该是:这个国家达到了高标准的要求了吗?而应该是:大学有没有可能在这些地方运行,并且忠于那些成就大学之伟大的核心原则?或许这些原则中最重要的就是学术自由和探索自由。

在我撰写这本书时,纽约大学在阿布扎比成立门户校园已经超过十年,在上海成立门户校园超过五年了。数百位教授在全球教育体系下已经上了数千堂课程,在这两个校园举办了数百场会议,演讲者来自全世界各个领域,会议的议题范围也十分广泛。教授、学生和其他人在门户校园以及学习中心的经历,毫无疑问可以达到纽约大学在纽约校园及其相似机构对于学术自由以及探索自由的标准要求。实际上在这里授课和学习的每个人都做出了这样的判断。

举个例子,我有一堂课叫"政府与宗教的关系",这门课我在过去的十多年里每年都在阿布扎比开课,在上海我开过两次课。我在纽约教授这门课的年数是最久的。我上课使用的材料是未经编辑的最高法院判决书,其中包括所有大法官的不同意见,这样的做法在很多方面是有争议性的。我在三个校园上课使用同样的教学大纲和阅读材料,这并不是说我上的课是一模一样的,而是说我从不因为授课地点的改变而刻意改变我授课的方式。

每学年第一节课里,我都会告诉学生这门课的主要目的是为了教会他们"对权威有一种健康的轻视"。我不仅向在阿布扎比校园的纽约大学的学生强调这一点,还会对在那里上课的阿联酋院校的学生这样说,我还总向上海的学生强调这个观点(有一次中国教育部一位副部长在场)。我总强调"健康的"这个形容词是为了提醒他们当质疑权威时,应该备有合理的解释,然后我就督促他们从质疑我的观点开始,以及学习持不同意见的法官是如何质疑多数意见的。我从未想过因为我在阿布扎比或者上海授课而改变教学方式，我在这两个校园里从未遇到过言论自由受阻的情况，不管是在课堂讨论中还是在校园交流中，这里的同事对此也非常肯定，认为我的经历是具有代表性的。

学术自由保护的是教授和学生在大学内部的探索自由和言论自由。然而，学术自由并不意味着他们在校园所在国家的每个平台上均享有无限制的言论权利。学术自由本质上指的是仅限应用于大学内部的一种权利。虽然学术自由非常重要，但这不意味着教授们和学生群体是超级公民，可以在大学之外的空间享有优先的言论权利。我一开始就讲到这两个不同词语，学术自由和言论权利，常常淹没在有关话题的激烈讨论中。

在美国以及世界各国，大学社区之外的言论权利都是依据所在社会制定的。这些法规对于仇恨言论、诽谤、色情以及其他各类型有关言论的规定有显著差异。在美国，每个州的规定也有所不同。大学可以在校内坚决执行学校有关言论的一些规则——换句话说，有关言论自由——但是大学并没有权利或权力（无论在任何地方）将校园内的规则当作社会的规则。大学可以在社会上宣扬自己认为恰当的规则，但是宣扬一种观点与强制推行不是一回事。

虽然在阿布扎比的课堂上研究一幅有裸体形象的艺术作品是可以接受的，但是公开拿着这样的作品走在大街上是不合适的。或在上海，虽然在课堂上讨论反政府游行是受学校的学术自由保护的，但是大学里任何一个成员若参与这类游行的话，就会受到中国法律的约束，不会因为他们是纽约大学的成员，身着纽约大学 T

恤衫而享受特殊的保护。这些例子反映出了大学面对的一个很普遍的问题,不管它是全球性大学还是传统性大学:对于法律的规定是必须要遵守的,虽然也要试图对其进行变革。这个问题几乎不属于学术自由的范畴,尽管人们经常将其当作学术自由问题进行论述。

对于大学的全球教育体系持批评态度的一些人似乎认为这类学术需求可以让大学成员享有特殊的出国权利。举个例子,2017年,美国纽约大学的两名终身教授申请在阿布扎比校区授课,他们的系部和相关院长同意了申请,授课的课程也罗列清楚了,而且其中一名教授之前已经在阿布扎比教过两次课了。然而,当他们准备安排自己的出国行程时,阿联酋方面拒绝了他们的签证申请。其中一名教授为此写了一篇评论文章,文章写道这次拒签证明了阿布扎比分校"对于学术自由的承诺基本是毫无价值的"。[20] 他推测拒签的原因可能是因为他们两位是什叶派教徒。文章最后他的结论是纽约大学需要承认:"自己已经入股一个这样的政治体系,因为对伊朗深深的恐惧和对什叶派的憎恨而歧视少数派宗教成员。"[21] 他根据自己拒签原因作出的推测证明是错误的,因为阿布扎比分校有很多什叶派教徒。

纽约大学和阿布扎比分校长久以来一直坚决反对任何形式的歧视,其中包括宗教歧视。事实上,我的学术专业领域之一就是宗教自由。但是,纽约大学及所有大学都不会公开支持其所在国家的政治体系,其中也包括美国。

那篇评论文章出现几周以后,我和其中一名教授交谈(不是写文章的那一位),我说到大学没有办法保证其成员可以无障碍地在主权国家边界之间流动,他对于这个说法是赞同的。他也知道大学没有做过这样的保证。当时还有一个有意思的巧合,一位阿布扎比的教授恰好同时也被美国拒签了。最终,这位教授希望纽约大学可以就拒签事件发表声明表示不满。两天后,学校确实发表了声明,尽管学校同时也在和阿布扎比政府合作伙伴商谈,也和美国政府商谈,确保拒签一名学术人员的唯一因素是涉及合理的国家安全。

另外,纽约大学还要求全球教育体系里的教授委员会调查有关在体系里流动的普遍问题以及这两名去阿布扎比的教授被拒签的具体问题。委员会的报告中首先提道"阿布扎比分校自身就是一个非常成功的典范"。随后,报告中写道"我们在课堂教学和科研领域并未发现学术自由受到阻碍"。报告的结论是"全球体系的流动性让我们意识到世界上没有一所大学可以超越政府的签证和安全政策"。[22]

纽约大学为教授、职工和学生申请阿布扎比签证以来一直都比较顺利。在阿布扎比分校设立的前十年里,教授申请签证成功率是99%,学生的成功率是99.9%。申请者来自115个国家和地区,其中就包括信奉什叶派、逊尼派、基督教和犹太教的教徒。我理解两位同事被拒签沮丧的心情,纽约大学也公开表达了对于此事的不满之意。阿联酋政府和美国政府一样,对此并未解释原因。

但是,对于拒签的不满并不代表可以声称阿布扎比分校对于学术自由的承诺"基本是毫无价值的"。

不管是全球性大学还是传统性大学还会遇到其他的状况,他们需要容忍一些非常不理想的环境——这些状况与学术机构联系没有那么大,但是也可以体现大学普遍存在的价值观念。纽约大学的教授、职工和学生每天都会看到无家可归的人和贫穷的人,时刻提醒他们这是个非常悲伤的现实。

媒体有一次攻击阿布扎比分校,这是让它的名声第一次受到负面影响。虽然经过全面调查证明之前的报道是误导性的,但媒体并没有理会。这个负面的报告涉及阿布扎比分校对于工人的管理。以下是我经历过的故事版本。

纽约大学在和阿布扎比制定最初协议时一直在反复强调工人的权利。在制定项目条款的备忘录中,我们包含了一整套劳工标准,要求所有承包商在阿布扎比建设期间按照标准对工人进行规范管理。当这些标准公布之后,即便是"人权观察组织"(我用了"即便"一词,因为它在阿布扎比项目开始前对其进行谴责)也提出了表扬,认为这是一个突破,并敦促其他人学习这一铂金标准。

时间追溯到2014年5月。当时阿布扎比分校在准备首届140名学生的毕业典礼,这些学生毕业于海湾地区由美国一所研究型大学创办的第一个文理学院。这届学生里有3名罗德学者,其中有1名是阿联酋女性。克林顿总统在毕业典礼上发言。在这个背景下，一篇文章出现在纽约时报的头版，标题是"纽约大学阿布扎比分校工人处境堪忧"。[23]这篇报道在日后被证实是对于真相的曲解，但在那一周充斥的有关阿布扎比分校的新闻，掩盖了六天后毕业典礼上为学生庆祝的卓越成就。直至今日，许多人在引用这篇报道时，就好像它的错误还并没有被揭穿似的。在这里我需要特地澄清事实。

报道的前四段叙述了一个事件，说在阿联酋有4名罢工的工人，据说是为纽约大学工作的，他们被打了，之后因为非法行为被驱逐出境。然后附上了几张图片，配上文字描述是"工人们住宿环境肮脏，15个人住在同一间屋"。报道说纽约大学聘请了英国的工程公司及其合作伙伴来监管项目合规性，定期采访工人，他们的评价是："总体来说，有充足的证据证明阿布扎比项目是以严肃的态度来对待工人的权利的。"文章接下来写道，监督报告"未提到工人罢工以及罢工工人对增加工资的要求"，监督报告也没提到纽约大学发言人声明"大学官方并未发现有任何动乱"。很显然，监管公司和大学官方对于上述所报道的事件发表的双重声明，并未让纽约时报的报道记者意识到这些事情可能与纽约大学无关。纽约大学和政府合作方还是再一次强调了对于劳工标准的坚决执行，并对可能发生的违规行为致歉。他们保证会对此进行独立调查，并将调查结果公开，做到公正透明。

独立调查由美国一名之前做过检察官的专业人士负责，他召集了多名成员成立调查组，调查持续了将近一年，访谈数量达数百个,跨越了数个国家和地区,最终形成了一份72页的公开报告。报告认为(即使是纽约时报上的那篇报道也承认)纽约大学和政府合作方在项目中接受了相当挑战,明确列出劳工标准,报告中还写道纽约大学和合作伙伴诚信守诺,不遗余力地执行了这一标准。他们所做的努力造福了那些在校园施工项目中的大多数人,获益人数约为3万人。报告还指出劳工合规性监管项目在项目期间有效地发现和解决了承包商不合规行为等问题。[24]

然而在这个执行体系中有一个漏洞,产生了一个重要的失误,这对于一部分工人的利益产生了不利的影响。在纽约大学和阿布扎比合作伙伴不知情的情况下,英国总承包商做出了不恰当的决定,将小规模的和短期的分包商(这些分包商指的是合同金额低于100万美元或者项目工期少于30天)择出,不受劳工标准的保护。因为这个错误的决定,可能有三分之一在项目中工作过的工人受到影响。为了纠正错误,纽约大学和阿布扎比合作伙伴委托第三方专家找到这些工人,对于那些没有享受到劳动标准中所规定福利的工人进行补偿。这个行动持续了一年多的时间,最终补偿了绝大部分工人。

这份独立调查报告最重要的发现是,纽约时报报道中激发众人情绪的描述——即工人罢工的起因——是错误的。文章认为工人是因为阿布扎比项目工资太低而罢工的。但事实上,工人罢工并不是为了抵制阿布扎比项目的待遇——真相恰恰相反。罢工的工人有一些确实在项目中工作过,但是他们在罢工之前早就离开了。他们罢工所要求的是之后的雇佣方为他们提供更好的条件——像阿布扎比项目那样好的条件。这一发现完全颠覆了纽约时报上那篇具有误导性的报道。罢工的真相并不是因为阿布扎比项目提供的条件不好,而是因为这个项目设定了高标准,工人们希望在别的地方也可以得到同样的待遇。

接下来调查报告分析了文章中的图片。报道中写道,图片中的住宿是由城市猎鹰(City Falcon)公司为工人提供的,"房间位于城市贫民区的廉价公寓里。"城市猎鹰公司确实在阿布扎比项目中分包了一个小工程,有 9 名工人参与,时长为四个月。这个合同的条款并未符合阿布扎比项目对于劳动标准的要求,做法是不正确的,因此项目需要对这几名工人进行补偿。话虽如此,报道里上了头版的照片并不是阿布扎比项目为工人提供的住宿照片。该报道继而还对参与阿布扎比项目的"约 6,000(报道中的数字)工人中的大多数"的住宿条件提出质疑,但是实际情况是阿布扎比项目为工人(近 3 万人次)提供的住宿完全不是照片里的样子。项目提供的房间是崭新、干净的,达到甚至超过美国职业安全与健康管理局对于该类房屋的要求。项目住宿提供食堂、板球场、娱乐休闲设施以及可以上网的电脑设备。就像调查报告中陈述的那样,工人们"对于住宿条件给予了正面评价,许多人认为这比他们之前任何住宿都要好。"

接下来我只用一个会议来完成这个离奇故事剩下的部分。

这个会议发生在 2015 年夏天我的办公室里。当时除了我在场之外，还有纽约大学的教务长、常务副校长、首席新闻官、"人权观察组织"（HRW）执行主席、HRW中东/北非地区主席以及HRW一位资深董事。这次会议召开的原因是，虽然HRW一开始对于纽约大学阿布扎比项目持批判态度，但是这位董事认为HRW可以公开表示纽约大学和其合作伙伴做出了很多努力，不管是直接通过项目改善工人的工作待遇和环境，还是间接通过制定一系列他人可以仿效的劳工标准。

会议中大家对于纽约大学的重要成就以及劳工标准的制定达成了共识。第一，这些标准在纽约大学阿布扎比分校和阿布扎比合作伙伴的直接管理下，所有运营领域都得到了坚决执行，包括维修、安全、保洁和交通各个方面。第二，施工现场的安全记录能够有效表明项目的安全工作做的很好。第三，劳工标准毫无疑问大幅提升了近70%的工人在项目期间的工作条件和待遇。第四，一经得知一些分包商偏离了劳工标准的要求，纽约大学及其合作伙伴必须确保这些工人能够得到的补偿。

在会议上，我是这样总结我听到的共识的：纽约大学及其政府合作伙伴参加了一场非常困难的考试，并且拿到了A-的好成绩，这是值得庆祝的。工人的工作环境和生活得到了很大改善，而之前那篇纽约时报报道只是将考试的"错误答案"公之于众，这是非常不公平，并且具有误导性。HRW那位董事和执行主席表示赞同我的总结。HRW执行主席承诺公布纽约大学所做出的这些贡献，以引起公众的注意。然而，会议过去三年了，HRW组织和执行主席均未发布相关声明来公开肯定我们那天早上在会议中列出的有关纽约大学的贡献。

虽然这样的沉默不语令人遗憾,但是我相信批评我们的那些人的初衷是出于对提升移民工人工作条件的关心,我所知道的事实是纽约大学和阿布扎比合作伙伴也有此初衷。对于阿布扎比分校项目劳工合规性的全面评估也显示,这个项目虽然有一些失误和教训,但是也明确提升了工人的生活质量。就像调查报告写的那样:"在这个项目中工作过的工人对它的评价都是正面的,其中不少人说这是他们工作过的最好的一个项目。"25

这个建设项目已经在数年前竣工,不再有成千上万的工人参与大型施工项目了。在之后这些年里,校园在对工人的待遇上,不管是纽约大学直接雇佣的或是在纽约大学和合作伙伴监管下供应商雇佣的工人,有关记录都是正面的。纽约大学和合作伙伴成立了一个合规项目,有一个本地的内部团队,他们会定期采访工人,审计雇佣方行为是否符合劳动标准。他们还设置了一个 24 小时热线电话,任何人可以在任何时间打电话告知合规性方面的问题。

以上措施的有效性由一家国际认可的、独立的劳动合规监督公司进行监督。这家公司审核了大学在 2015 年 12 月至 2018 年 3 月之间的相关活动,认为"供应商比较符合合规性要求,工人的满意度相当高"。基于对 500 多名工人的采访,公司还发现"这些正面的结果是在审计访谈中,从工人们轶事形式的描述中得出的,他们可以描绘出在阿布扎比项目工作时在无数场合的良好体验,这是别的项目或工作无可比拟的。"[26]

正确看待批判

任何一所院校或大学想要尝试从传统性大学向全球性大学转变,都极有可能遇到以上我所描述的这些问题。大学领导层在作出重大举措之前,必须同东道主和合作伙伴一起就学术质量和核心价值问题找到满意的答案。除了我提到的问题,还有一些其他的问题——源于对不同人的刻板印象或者漠视——对于大学的转变产生影响。完美绝不是标准答案,因为没有一所大学是完美的。必须把这些批判放进特定情境中进行讨论,具体来说,就是要考虑到这些项目为大学、大学成员、东道主和整个世界所做的贡献。

2005 年,一位毕业于哈佛大学和哥伦比亚法学院的阿联酋女性获得了阿布扎比分校颁发的第一枚校长奖章。她放弃了纽约顶尖律师事务所的工作,回到家乡成为一个阿布扎比政府组织的首席执行官(CEO),这个政府组织是阿布扎比分校的合作伙伴。在发表获奖感言时,她用动人的语言对阿布扎比分校进行了总结:

> 今天我站在这里环顾四周,我非常激动。有梦想是一回事,但是看到梦想成真是完全不同的感受——看到你们不断

完善自我,共同创建了一个比我们梦想里还要丰富多彩的社区。

我们追求创造新的学习和教育方式,不仅仅是为了阿布扎比,也是为了整个世界。

我们希望创造这样一个地方:遇见来自国外的思想和人们,我们内心既不恐惧,也不排斥;珍视每个人,每个人第一本能是发现彼此的共性和良性;在达不成共识的情况下,可以用建设性和彼此尊重的方式允许分歧的存在。

我们憧憬创造一个特别的环境,一个平台,拥有不同观点的人可以聚在一起,互相理解。让我们团结在一起的是:理解、对话、开放、包容、公共服务、互相尊重以及(或许最重要的是)共同的责任感。

我们任重道远。[27]

不管是在阿布扎比还是在上海,在纽约大学任何一个学习中心,包括纽约的格林威治村,在未来的数年里都会遇到挑战。这些挑战不仅会检验纽约大学而且还会检验东道主国家合作伙伴的领导能力,检验我们克服民族中心主义与文化沙文主义的能力,检验我们在不同文化环境下的行为模式。门户校园之所以设立在阿布扎比和上海而不是费城或多伦多,就是为了让教授、职工和学生走出舒适区,促进文化竞争力的发展,而这是第二轴心时代对话的关键。在其他中心学习或工作都不同于纽约,这正是我们去往那里的原因。我们在阿布扎比和上海并不想复制纽约的模式,而是想要一种我们可以引以为傲的并且适应周围环境的模式。我们正在经历着成长的烦恼,未来我们也会经历这些,但是只要我们用忠实于核心原则的态度去解决问题,这样一所全球性大学——这样一所"普世合一"的大学——将会塑造一个充满希望的未来。

生活在全球教育体系是怎样的?

我在全球教育体系中已经生活了十多年,我知道许多教授和职工的故事,还知道几千个学生的故事。关于全球教育体系中的生活,有一些东西是言语难以描述的。在我一生中,几乎没有朋友或者助理认为我是一个言语保守的人,但是体验了纽约大学的日常生活后,他们告诉我真实的生活比我当初的展望要美好得多。我在接下来的描述中尝试向大家描述我们在全球教育体系中的日常生活体验。

纽约大学现在是三个截然不同的大学身份的结合体:美国纽约大学、纽约大学阿布扎比分校以及上海纽约大学。

纽约校园的规模很大,拥有近6万名学生,分布在20多个学院,全职教授和兼职教授均有数千名。纽约大学就像纽约市一样,校园的生活充满了挑战,所有人享受着复杂性带来的回报。大学积极为大家铺设了一个福利项目的安全网,这样做的目的是为了鼓励学生走出安全区的同时有学校的安全网作后盾。

当教授和学生刚进入大学时,学校就会告诉他们在纽约大学寻找社区是需要付出努力的。纽约大学校园是没有围墙的,身处于世界多样化的城市之中,就会变成城市的一分子。大学这一策略是让学生适应社会中的复杂性,为磨练世界主义者提供人才。

纽约大学的学生中本国人和外国人的比例适中。在最近入学的本科生中,约有25%的大一新生是外国人,虽然大学本身并没有将招收外国学生作为努力目标。在研究生和专业学院项目学生中外国学生的比例更高。尽管如此,由于大约75%的学生都来自美国,所以纽约大学主要体现了美国的文化气质。虽然纽约市是普世主义的典范,但它也是美国的一个城市。选择在这里就读的美国人要么是纽约本地人要么是想要在纽约生活或学习的人,他们是世界主义者,但他们是美国的世界主义者。

阿布扎比分校同纽约校园是完全不同的。未来全面发展后将容纳大约1,600名本科生,500名研究生和博士后。目前本科生人数已经有1,200名,学生来自115个国家,其中阿联酋学生比例最大(约15%),美国学生比例第二(约14%)。因为人数较少,所以教授和学生可以很容易地组成社区群体。这个社区的独特特征是极其集中的多样化,比世界上其他学生团体都要多样化。

因此如果教授和学生选择了阿布扎比分校,这就意味着他们会体验社区里高度集中的多样化,这样的一个社区可以说是世界的一个缩影。为了在社区里得到提升和发展,他们必须珍惜与不同人接触的机会,并且享受这个过程。在校园生活的每一天,你都会遇到不同国家的人。在阿布扎比的大街上,你也会有同样的感受,这个城市15%的居民是阿联酋居民,其他居民则来自全世界二百多个国家和地区。

上海纽约大学——50%是中国学生,另外50%学生来自中国之外的国家和地区——比阿布扎比分校规模稍微大一些。因此,如果教授或学生选择了上海纽约大学,就像在阿布扎比一样,他们会在这里感受到同样高度集中的复杂性和多样化,不同之处是这里中国学生的数量较多。他们在进入大学的第一天就会明显感觉到这个标志性的特征,因为每名中国学生都会和一名外国学生做室友,这是大学生活的一个重要组成部分,毕业时所有学生都必须掌握流利的中文。当然,上海可以说是中国国际化的城市。

全球教育体系的一个特征就是教授和学生不会局限于自己当初进入的门户校园。在三周的寒假项目或者在外交换的几个学期,三个校园的教授和学生可以通过正式或非正式的方式相互聚集在一起。就算某些人选择在一个校园里学习或工作,他们也可以同系统中流动过来的人进行交流并从中获益。

从全球教育体系早期开始,我一直都是积极的参与者,见证了它的奇迹。阿布扎比分校开始的第一年我就在那里开课了,并且每年都会去教课。到2015年,我已经在三个校园里教授了四个不同版本的同一课程。

请相信我:同时教授这四个不同班级的学生,是我六十年来课堂教学中最有意义的经历。顺便说一下,我是面对面授课的,不是通过电脑或者视频教学授课的。当我的朋友们问我如何经受住在几个城市流动授课的紧张安排时,我告诉他们这样的安排其实会让我精力充沛。我可以和世界上聪明的年轻人对话,亲眼看到他们接受新的思维方式,看到他们喜欢上我的课,看到他们用全新的视角来学习我熟悉的材料:这些是我教学生涯中特别有乐趣的地方。

在过去的几十年里,我教过的学生中有些成为国家顶级院校的校长,有些成为顶尖法学院的院长,有些是高级法院的法官,有些是国际知名的学者,还有人成为了各个领域的中坚力量。通常人们认为我是一个高效的老师。然而,2008 年秋天,在我准备开始给阿布扎比分校首届 20 名学生上课的前几天,我非常焦虑,不知道该怎么做,这个课程隶属于本地的年轻学者(所有学生都是阿联酋人,是伊斯兰教徒)。我当时的担忧比一名好教师在新学期开始前要大得多。

在我见到这些学生并同他们学习课堂材料之前,我担心他们可能不会接受我上课的基本前提,即他们可以通过批判性的思考方式来学习新知识。我回想起我和他们年纪一般大的时候,我自己的观念就是:真相并不是通过理性来发现的,而是通过启示(对于我而言就是从教皇和教堂那里获得)。当我坐在飞往阿布扎比的飞机上时,我的心里充满了美国人对于那个地区所有的刻板印象,我担心那 20 个人和我年轻时的状态一样,担心他们会不愿意接受我培养他们批判性推理和辩论的能力,并认为这是推翻他们所相信的真理的错误尝试。

令人尴尬的是我猝不及防地收获了我最愉悦的课堂教学经历,这也证明了查理的伟大智慧,那就是不断尝试新的挑战,就会获得巨大的成就感。在接下来的八个月里,我同这 17 名女生和 3 名男生一起踏上了神奇的知识之旅,我们一起学习了几十份美国联邦最高法院的主要案例,分析了多数意见书和异议意见书的推理过程。一名学生在学年末写了一首十二小节的诗送给我,其中两小节是这样的:

> 天下的筵席终有散,
> 我们同彼此道别,
> 告别在一起的数月时光,
> 尝试自己是律师,是法官,
> 我们练习时互相刁难,之后一笑而过,
> 每每遇到精彩的辩论,我们激动地互相拍背而欢。

> 天下的筵席终有散,
> 我们同彼此道别,
> 告别在一起的数月时光,
> 我们在沙里画条界线,在对与错之间,
> 决定法律是允许,是禁止,

而后抹掉弯曲的旧线,我们再次画出另一条新线。

她用优美的笔迹把这首诗写在了羊皮纸上,我将它装裱起来挂在我纽约办公室门外的墙上。这会让我想起那一群优秀的学生,想起他们在学习解读材料和批判性思考方式的活力。

尽管我教的第一期阿联酋年轻学者班级非常特殊,但是之后我所遇见的年轻学者们也同样令人记忆深刻。每一年,我都非常期待见到这些世界公民,我在他们这个年纪时根本无法想象自己能够达到他们的思想境界。我上课时总会让学生们学习的经典案件之一就是最高法院对于教育委员会诉艾伦案(Board of Education v. Allen(1968))的裁决。

艾伦案中起诉的是在"政教分离"的原则之下,纽约州允许有关机构向包括教会学校在内的私立学校无偿提供教科书的行为是否符合宪法。法院(以 6∶3 的投票结果)最终判决支持了这个行为,认为其是符合宪法的。大法官道格拉斯(Douglas)在异议意见中强烈表示,教科书并不是"中立"的事物,因为如何使用教科书在很大程度上取决于教师是谁。他写道:"例如,十字军东征可以认为是基督教为了从穆斯林土耳其人手中'拯救圣地'的行为,他们'已经威胁到基督教的存在,威胁到神圣的土地','他们并没有尊重这些地方';或者可以认为它本质上是因为政治和利益的动机而发起的一系列战争。"[28]

我给这些阿联酋学生共上了 12 堂课,每一堂课上学生都会探

第三章 以普世主义世界为目标的大学　　177

讨老师是如何有意或无意使用示意图这样的客观工具来影响学生塑造结论的。他们还会自发地开始用批判的眼光探讨自己的教育问题。

正如这些当地的学生在智力的旅程中达到一个新的境界,在阿布扎比校园的纽约大学国际学生也因为纽约大学的缘故,拥有了在阿布扎比本来不会成为他们人生一部分的独特体验。我能够有这样一群学生是一种殊荣,他们的背景多元化,但是都同样优秀和努力——这是我几年前想象不到的别样体验。纽约大学阿布扎比的学生还有一个独特的特征,这使我给他们上课的体验更为特别,不熟悉的人可能不会意识到这个特征:那就是相当一部分学生如果不是因为学校对人才主动积极的搜寻,他们的才华可能不会被发现,因为他们来自一些世界顶级学校不会去寻找的地方。

我在阿布扎比教授的第一个班,里面有个男生是在埃塞俄比亚的一个部落村自学的。在自学完成了一到八年级的课本后,他(当时仅 13 岁)一个人走了 5 天到了亚的斯亚贝巴,在那里他被一所国际学校录取(学校给他提供了奖学金,当学校发现他睡在机场时,又为他提供了食宿)。当他以名列前茅的成绩从学校毕业时,我们将他带到了阿布扎比学习。

这个故事充满了戏剧性,但在阿布扎比分校绝不是一个特例。有一个男生是卢旺达大屠杀中的幸存者,当时他的父母和另外 9 个兄弟姐妹都被残忍杀害,只有他和另外一个兄弟幸存下来;有一个女生来自阿富汗的农村;还有一个学生是无家可归的俄罗斯孤儿,他在大街上自学成才;还有个男生是由美国西佛吉尼亚州农村的一位单亲妈妈抚养长大的。很多学生的故事都令人非常震惊,也非常励志,他们带着自己的人生经历,带着自己对于学习的热爱来到课堂,丰富了课堂内容,并且使整个班级的学习状态有了明显提升(因为有这些珍惜学习机会的学生们在,没有人会松懈下来),因此教师们授课就有了难以言喻的成就感和愉悦感。

最后,我们来看看上海纽约大学的生活是怎样的,这样我就解释了这个难题的全部。这里的学生和阿布扎比分校一样,都是非常优秀的学生,并且和其他学校学生相比有独特的特征。这里的学生也有动人的事迹,比如一名俄亥俄州的年轻女生从未走出过这个州,直到她坐上飞往上海的飞机。

我的"宗教与政府的关系"课程要求每堂课前都要完成200页左右的阅读材料,每堂课后完成一篇文章的写作,这对于英语是第二,第三甚至是第四种语言的学生来说是相当困难的。多年来我在阿布扎比教课,这个课程是每两周一次课,持续一整个学年,而在上海是每周一次课,持续一学期。这样的快节奏对于美国学生或者精通英语国家的学生来说没有问题,但是对于半数是中国学生的班级,这是一个巨大的挑战。然而,这些学生们勇于接受挑战,一致鼓励我不要把课程内容"削薄",他们的能力得到了显著、快速的提高,这也激励我和同学们上课更加努力。

上海课堂最大的不同之处是:80%左右的中国学生对于宗教是没有概念的。因为课程的主题是有关政府和宗教的关系,所以宗教是一个关键要素。他们不明白为什么宗教信徒(更别提宗教殉道者)这么看重宗教。给这样学生上课的经历是对思想的冲击,也是一段非常美妙的旅程。

我最后一堂课有一个传统,这个传统突破了文化和地理位置的限制:铁笼赛。学生们在课前阅读一篇 1978 年在《哈佛法学评论》中发表的文章,对于美国宪法第一修正案中的"宗教"一词做了定义。这篇文章是我写的。这堂课上每名学生都要同我辩论,随后学生有 8 分钟的发言时间来攻击这篇文章,最后由 7 名"法官"(教授,助教和之前上过这门课的往届同学)分别投票,宣布赢得辩论的一方,决定是学生还是我赢得了比赛。学生每赢得一票,就会额外得到一张抽奖券,参加最后的抽奖活动。最后会抽出 4 张奖券,得奖者可以获得出游机会(例如,同我一起去参加滑翔伞运动)。

学生毕业后还常常会重返课堂来观察课堂学习,他们通常认为铁笼赛是他们印象中最深的一堂课。毫无疑问的是,在课前准备时,学生们对于案例和文本内容做了极为认真的分析,在准备论点论据时肯定做了最严谨深刻的思考。在数小时的模拟辩论中,他们锻炼了辩论能力和团队合作能力,最重要的是他们学会了如何"健康地"质疑权威。想象一名年轻的阿联酋女性,一名年轻的中国男性,一名埃塞俄比亚难民营的年轻男性,或者一名来自美国的有梦想的年轻人和一名教授在辩论中一对一较量,批判教授的文章。这样的场景简直和魔法一样神奇! 这就是一名教师的梦想。

本章一开始,我列出了我在世界城市之间穿梭的教学生活。我希望以上这些故事可以让你们感受到我为什么觉得这样的生活是无比充实的。教学可能不是每个人都喜欢的,但是对于已经从事这个职业的人来说,我觉得我的教学生活让我极其欣慰。

全球性大学的持续发展: 走向 2050,跨越 2050

如今美国和世界的形势让许多人早晨睁开双眼时发现自己很难满怀希望的度过这一天。自二战以来的七十多年,开明的领袖们建立起一个全球合作和全球连接的框架结构,而如今有多方强大的力量正在试图瓦解它。本土主义正在崛起,人们对于国界和边界的焦虑日益加深,因此一些人认为现在这个时代对于全球教育体系是最不利的。

我对这个问题的回答是,在当下这个时代创建全球性大学尤为重要。这种类型的大学实现了合作和互相连接:大学和大学成员成长为世界主义者,致力于传播世界主义价值观。现在的问题是大学是否可以持续发展下去。

迄今为止,纽约大学是此类大学中的第一个,并且是发展最全面的一个,各种指标显示纽约大学的先导地位还会持续下去。然而就算纽约大学放弃了,也还会有别的大学顶上来。因此,纽约大学未来的发展方向与这类大学的持续发展问题其实是不相关的。但是,纽约大学取得成功的关键在于不断吸引着其他机构的注意,它们可能会尝试采取类似的模式:纽约大学的未来如何同其他机构的发展意向是相关的。我接下来会讲一下我眼中纽约大学的未来发展方向。

可持续发展这个问题并不是说下一年的发展,或者说是十年以后的发展,这个问题不在于短期的可持续性。纽约大学的全球教育体系同所有大学一样,将会经受几十上百年时间的检验。种子播种下去,经过十多年的培育,已经长成了树苗。纽约大学的教授,尤其是那些有过在系统里流动经历的教授,一致认为全球教育体系是定义了纽约大学的重要元素。现在有一个自然发展的趋势:教授和学生来纽约大学是为了全球性大学的体验,而这加强了人才流入的良性循环。

所以未来要面临的全新挑战是什么呢?外部的还是内部的?

地缘政治的变化可能会影响到一个或多个门户校园的生存。中国和湾区属于地缘政治变化的"震中",这些变化有些对于全球教育体系是不利的。目前,我们有理由相信大学在向积极的方向发展,但是未来发展如何却没人可以保证。纽约大学必须保持警惕,任何时刻都应将教授、职工和学生的安全放在第一位。

还有一个可能性就是纽约大学在阿布扎比和上海的优秀合作伙伴将来可能不像早期那样愿意提供关键性的财务支持。迄今为止,还没有出现这样的迹象。阿布扎比分校的财政支持对于阿联酋来说是紧要的事情之一，即使是2009年经济危机以及油价大幅下跌也没有动摇。阿联酋对于追求学术和研究卓越性的承诺依然是一个指导性原则。如果说有什么变化的话，从阿布扎比分校已有的巨大成就来看，强有力的证据证明阿布扎比合作伙伴做出了更大的承诺。上海的合作伙伴基于上海纽约大学前五年发展的评估也决定扩大努力。因此，在可预见的未来里，纽约大学合作伙伴的承诺是坚实的。

我不太担心外部因素，虽然它们可能会减缓全球教育体系的发展进程，但是我确实有些担心内部因素，因为它们可能会削弱纽约大学未来取得的成就。这些内部因素对于阿布扎比分校、上海纽约大学或全球网络没有太大威胁，但是它们可能会限制高等教育变革可能达到的高度。

纽约大学的教授和学生是具有冒险主义精神和世界主义精神的。教授们在大学经营管理中是长期的、稳定的，是学校的重要成员。他们是在传统的学术卓越标准下被推荐，评判和公认的优秀人才，虽然他们后来接受了一个全球性大学更为广泛的标准，但是他们传统标准的内在化会形成一种拉力，促使他们的行为回归到之前的模式。这种自然的——甚至可以说是好的行为模式——不会降低传统标准衡量下的学术卓越程度，但是可能会限制全球教育体系的潜在影响力。这一点在我看来是令人惋惜的。

以下几个例子可以证明如果教授们不反复确认纽约大学的核心理念，不确保任何行为变化都是周密选择的结果的话，那么向传统模式的回转可能会在不经意间发生。

阿布扎比分校长期聘用自己的教授(指那些80%的时间都在阿布扎比校园教)的数量已经超过了200名,跨越各个部门以及每个学科。除了这些教授之外,还有400名全职在校的博士后、研究员、研究生助理和讲师。上海纽约大学成立时间比阿布扎比晚三年,所以长期聘用的教授和其他学术团队的数量相对少一些,但发展水平与阿布扎比相当。在两个校园里,还有来自纽约的合聘教授来执教一学期或一学年,经过一段时间之后许多教授还会再回来上课。

随着各个校园长期聘用教授数量的增加,他们或者其他掌握权力的人很可能会受到一系列政策变化的吸引,这些可能都会影响全球校园系统的流动性。每个政策变化背后的逻辑思维(长久以来正是这样的思维将教授和学生限制在当地校园里),就是本地的教授(目前数量较多)知道如何运用校园的"特殊方式",能够更好的理解和体现学校的价值观。因为这种逻辑的存在,教授们可能会支持雇佣更多的本地人才,减少对纽约教授发出的教学邀请。或者是,他们可能会对学生交换学习的机会(包括学期内和寒假学习机会)附加限制条件。渐渐地,独立自治的趋势会代替互相连接的关系,作为全球性大学的独特优势的流动性将受到损害,思想之都之间的流动会减少,流动系统变得僵化,失去活力。

学生们的校园生活是循环转动的,不是直线前进的。他们对于大学的感受开始于他们到校的第一天。如果没有教授或者其他人告诉他们有关学校的故事,大一新生就会相信他们到学校之后的最初印象,认为大学一直以来都是这样的。如果发生了传统模式的逆转,那么这个逆转过程是随着时间缓慢进行的,新加入的教授和学生们不可能会遏制学校对于创新行为的偏离趋势,除非在他们到来之前教授和学生可以给他们提供大学的经验传承记忆。

因为这个原因以及其他因素,全球教育体系的毕业生们——尤其是阿布扎比分校和上海纽约大学的毕业生们——在延续纽约大学特征方面扮演着关键的角色。他们不是传统意义上的校友,不是那种被动接收校园新闻,定期被带回校园进行怀旧聚会的校友。相反,他们是机构记忆里的关键部分,是完成大学使命的重要成员。此外,他们还是宣传世界普世主义的"大使",他们的足迹虽遍布全球,但他们是团结在一起的,相互支持,共同宣扬大学教育时接受的价值观。建立毕业生关系网,并将他们和在校学生联系在一起,并不是校友办公室的传统角色,为了将全球性大学的影响力最大化,这个网络是必须要建立起来的。

对于纽约大学来说,成为全球性大学是很自然的趋势,它的地理位置位于全球的核心城市,这意味着教授和学生们已经欣然接受了全球教育体系的核心理念,即世俗的普世主义。自成立伊始,纽约大学就是极具创新力的,它"作为顶尖大学,愿意尝试新事物,虽然这个新事物失败的几率可能很大"。

还有其他的顶尖大学,有些大学相对不太喜欢冒险,但它们值得骄傲的是可以改变国家的领导者们,并且逐渐在国际社会中有一些影响力。随着纽约大学的实验不断获得成功,这些顶尖的大学,尤其是那些拥有巨大财政资源的学校,将会创造全球性大学的新模式。

最终,全球性大学成功与否并不取决于它首次实例是否成功。然而(回到我们一开始的话题),我们是否能够变成一个普世主义的世界取决于一些大学能否超越对于大学的传统理念,拥抱大学新模式的到来。

第四章
最终要素：使有意义的入学机会普及大众

序幕

　　我已经讨论到了这一点：我们迫切需要将四处蔓延、感染了社会的世俗教条主义替换掉。传统大学有能力和有责任去充当这种社会疾病的解药。除此之外，还有一些大学，如全球性大学，应该自觉地充当新型世俗普世主义的孵化器。然而，除非我们能够确保那些拥有才华和激情，值得在大学中获得一席之地的孩子们都能获得其应有的席位，接受应得的教育并且在普世对话中获取发声的权利，否则上述努力将无法成功。而现在，我们与这个目标相差甚远。

　　今天，财富和机遇的可怕差异使孩子们失去了应得的教育，这种现象在美国是实际存在的，在世界其他地方更为严重。因此，有数百万拥有才能的人从未真正意识到他们可能会过上的生活，人类也未能从这些人的才能中获益，许多重要的思想观点也被边缘化了。简而言之，在这种情况下每个人都是受害者。

　　在创建以世俗普世主义为宗旨的大学时，如果我们将一些群体完全排除在外，那将是极其讽刺的。如果我们希望创造一个普世世界，那么这个世界里的每个公民都必须有机会获得必要的工具，用来丰富个人生活，促进相互理解，并参与到我们共同塑造未来的事业中。所有富有才华且具有这一意愿的人，不论身在何方，都将成为这项事业的一部分。

有太多的人——从权威人士到政治家再到慈善家——正在推行一些会损害大学教育质量的政策，并且在有意无意间限制一些有才华的年轻人获得教育机会，只因为他们"错误地"出生在美国或者世界上的问题区域。教育（特别是高等教育），长期以来都是实现社会向上流动的重要工具，可能终将成为社会分层的工具。那些领导者们当然会高枕无忧，因为他们正积极地在昂贵的学校和大学里（从 40,000 美元学费的幼儿园到 60,000 美元学费的大学）为自己的孩子谋求一席之地，但他们却（但愿是无意地）将穷人的孩子、中产阶层的孩子、信息匮乏群体的孩子以及缺乏社会关系之人的孩子降级到那些绝不会送自己孩子去读书的大学里。如果这种情况持续下去，引起的分裂将会加剧奥巴马总统所说的那种弥漫在穷人和中产阶层中的"障碍重重"的"不安感觉"，而这种感觉反过来又会助长社会中的不信任和异化之风。这种异化对于我们探索着要去创造的世界是有害的。

在接下来的章节里，我主要关注美国的高等教育政策（尽管我对美国高等教育状况的看法在世界大部分地方更具有适用性）。虽然我在高等教育中观察到的差异情况在初等和中等教育中也有所反映，但我认为，为所有人提供有意义的入学机会是普世主义大学的必要条件。

现状： 优秀的大学为少数人提供机会

即使在紧缩时期，大多数美国领导人至少也会作出口头承诺：我们必须找到办法，从而能够在向公民提供教育方面获得卓越的成果。然而，许多决策者和评论人士并不支持为教育进行必要的投资。相反，他们主张在不损害高等教育质量的前提下大幅降低其成本，这是毫无根据的。在我看来，这种错误的主张很可能会带来灾难性的后果。

现在是时候认真讨论这个问题了：我们应如何提供有意义的教育机会，最大限度地发挥每个人的潜力，使他们能够从我们的大学教育中获益。这种讨论必须是一种有理有据、集思广益的对话，绝不只是轻率的，吸引人眼球的标语或新闻头条，因为这决定了我们未来世界的质量。

现在，美国优秀的大学是世界的标杆。但值得注意的是，由于排名体系存在一些问题，多年来美国大学一直在世界大学排名中占据着主导地位，即使排名的衡量标准各不相同。几乎每一项调查都显示，美国大学在世界排名前十的大学中几乎都占据了75%的比例或者更多；在世界大学前五十或前一百的排名中也占据了同样的百分比。[1] 此外,每年美国大学吸引的有才能的学者、教师和国际学生在数量上都远远超过其他国家,这样的实力也证明了美国大学的优势所在。

当然,并非所有的美国大学都如此优秀,还有些大学很平庸,甚至有些大学糟透了。那些以营利为目的的学校尤其如此:教育质量通常很差,学位完成率低得骇人,学生还可能会因为攻读学位而背负债务但最终又没能获得学位。然而,这种平庸的表现不仅仅出现在营利性大学,还有一些非营利性大学或州立大学的表现也不理想。

我不会为那些没有价值的大学辩论。我认为,我们制定的高等教育政策,必须能够惩罚那些表现欠佳的学校并对表现良好的学校进行奖励。我很支持通过评估学校的表现来提供经费,只要评估标准是经过精心设计的。我们应该尽可能清除那些不符合标准的学校,不应该让那些表现欠佳的学校隐藏在整体优秀的系统背后。但是,即使每一所表现不良的大学都关掉了,我们还是无法解决高等教育所面临的严重问题。

世界各地的政策制定者们都在讨论教育"大众化"的问题,即社会应如何为全世界数十亿人提供教育(以及最终的高等教育)。在美国,这一讨论是关于入学机会和学位的获取。但是,除非每个学生获得的学位都是高质量的、适合他们自己的,否则仅仅关注入学、在学以及获得学位的学生人数将是一个错误的决定。我担心的是,这些关于大众化的讨论将不可避免地导致一种简化趋势,追求过分简单的、可量化的且易于实现的目标。反过来,这种趋势将加剧教育分层,结果是只有那些消息灵通、资源充足的人才能接受优质的教育,而那些本来有机会可以茁壮成长且有发展前途的学生则会被降级到一个更大的"公共"资源池,导致他们的才华从未获得充分的开发,或者直接默默消逝了。

诚然,并不是每个学生,甚至不是每个高中毕业生,都应该追求大学学位。因为每个人都是不同的,他们的能力、激情和兴趣也各不相同。有些人不具备完成大学学业的智力,有些人缺乏读大学的欲望或自制力,还有一些人跟随个人热情的引导,转向需要接受其他培训的方向。诱惑每一个人都去上大学是没有任何意义的,而且会削弱大学学位的含金量,这样一来在带有政治性目的的统计竞赛中就能够把学位获得者都算作毕业生,这对大学教育是极具破坏性的。我们必须确保那些上大学的学生能够进入与自己的才能和需求相匹配的学校就读。换句话说,我们必须为他们提供有意义的入学机会。

关于高等教育的对话经常被我提到的可替代性谬误所影响。我们大多数人都明白,住房、汽车或假期这些商品并不相同,而且其价格的变化通常反映出质量的差异。然而,在许多关于高等教育的讨论中,好像所有学位都是一样的。这种对话方式是很危险的。

如果继续以这种方式开展对话,我们可能会面临风险:政治领袖们以实现他们在机会和成就("大众化")方面所定目标的最简单方法,就是给大多数学生(当然,他们自己家庭的学生除外)提供最廉价且最易于管理的选择,即掏空学生所获学位的内涵和意义。所以,如果所有的学位都是一样的,那么上述方法就会在公共对话中变得易于接受且站得住脚。如此一来,统计数据将会显示大学的录取率和毕业率增加,但实际上,这种增加是虚假的。

通常情况下,最轻松的方法并不是最明智的方法。尽管我们需要听到每个人的想法,但有充分的证据表明,与那些父母人脉广、消息灵通且资源丰富的孩子相比,信息较少且资源不足的孩子所选择的学校提供给他们的信息和资源更少,即使两类学生的入学资格类似。因此,真正的挑战是,在高度多样化的高等教育体系中应为每个学生提供最适合他们的选择,并帮助他们完成一个值得完成的学位。

有数以百万计的美国人应该去上大学,但实际却没有,在世界其他地方还有更多这样的人。这种情况是可悲的,因为这些学生本来有可能通过就读合适的学校而使其生活获得极大的提升——这实际上是通过使用现有的资源就可以实现的目标。这不像是为某种疾病找到未知的治愈方法那样困难。我们都已经知道了答案:信息、指导、动力和资源。

让学生与适合的教育途径相匹配

150年前,约翰·亨利·纽曼主教(Cardinal John Henry

Newman)概述了他的"大学理念"。纽曼认为,大学教育本身就应蕴含对知识的追求;具有教授和学生之间的指导关系;在不考虑职业准备的情况下培养思维方式和批判性思维;塑造人的品质。[2]

多年后,为了向纽曼致敬,雅罗斯拉夫·帕利坎(Jaroslav Pelikan)假设纽曼了解现代研究型大学的情况,对他会创建出的大学进行了猜想和描述。这所大学会把纽曼设想的教育要素置于知识前沿研究的背景下,本科生与研究人员进行有意义的接触,进而将本科生融入思想创造的过程中。[3] 这一描述是对纽曼理想的重要补充。尽管这个设想本身很宏大,但也只是为日益复杂的高等教育格局增添了一个要素。

20世纪50年代,克拉克·克尔(Clark Kerr)为加利福尼亚大学教育体系设计的结构给理解这种复杂性提供了一个起点。克尔规划的是一个三层的大学教育结构:研究型大学提供本科、研究生和专业教育,是研究活动的源头,它本身为各级教学提供正式和非正式的环境;综合性大学虽然也提供一些研究生教育,但主要侧重本科教育;社区大学通过本科教育的前两年为学生(包括年龄较大的学生)提供学术和就业指导(最高获得副学士学位),并提供劳动力培训课程(最终颁发证书)。

今天,我们在克尔的三层结构上补充了技术院校(如工程学)和专业院校(如表演艺术),这两类院校都有可能提供从基础到高级的课程,包括研究和教学。

然后,我们增添了私立大学——部分大学具有上述提及的某种教育结构,而有一些大学则具有差异化元素,例如纽约大学致力于培养学生领导全球化的世界。还有具备其他元素的大学,例如以信仰为基础的大学专注于特定传统的道德发展。

最后,技术的引入创造了各种各样的可能性,技术既可以作为独立媒介(在线教育提供完整学位),也可以充当上述列出的各种教育结构的某一要素。麦肯锡报告指出,超过30%的美国大学生已经在网上修了至少一门学分课程。[4] 无论是用来支持独立项目还是为现有项目增添又一元素,技术都将成为新兴高等教育的重要特征。

快速回顾一个世纪以来高等教育的发展进程,会发现其存在的多样性。美国的高等教育体系由4,000多家机构组成,规模有大有小,遍布城市和乡村,有公办的也有私立的,有教会的也有世俗的,其范围从研究型大学到经典文理学院,还有技术学院及社区学院。他们的学生可能是常规的"成年人"(18至25岁),或者是年龄更大的学生。这种丰富的可能性是一种巨大的力量,证明没有一所大学对每个学生来说都是最好的。反而是,对于每个学生来说,都有一组"非常合适"的大学。理想情况下,在这种可能性范围内,每个学生将与适合他或她的学习环境相匹配,而且每个学生将在其能力允许的范围内在学习之路上走到最远,而一所最适合这个学生的大学对另一个学生来说可能是一场灾难。

决定学生与学校是否匹配的差异因素远远超出了学校的学术专业(例如,一个有抱负的数学学生不应该去茱莉亚音乐学院,就像一个有志向的舞蹈学生不应该去加州理工学院一样)。这种差异也出现了更微妙的因素,如学校的精神(竞争或合作)、学生的构成(研究生或本科、年长或年轻、在职或非在职)、环境(城市或农村)、学校规模(大型、中型或小型),以及许多其他的因素。

每个潜在的学生都各不相同,即使所讨论的两个学生毗邻而居,更不用说他们来自截然不同的环境了。消息灵通人士和有较强人脉关系的人都知道这一点,例如把参观校园这种仪式(在某些社交圈子中几乎是强制性的)作为申请过程的一部分,借此来发现学生和大学的匹配程度。但是,作为一个社会,我们在把学生与适合他们的高等教育环境相匹配方面所做的工作几乎差到令人无法接受。

强有力的证据表明,我们正在允许来自较低社会经济群体的、极具才能而且做好上大学准备的学生与上大学的机遇失之交臂——也就是说,高中毕业就是他们学业的终点。教育信托基金会一项纵向研究"失去领先"(2014 年)显示,6 万名学生在全国数学和阅读评估中排名前 25%,来自最低收入四分位数家庭中有 23% 的学生甚至没有参加过 SAT 或美国大学入学考试(ACT)。相比之下,来自最高收入四分位数家庭的同等学生中,仅有 5% 没有参加这两个对大学申请至关重要的标准化考试。[5]

即使那些来自较低经济收入群体的学生上了大学,他们与自己所上大学也是"匹配不足"的。梅隆基金会前主席、原普林斯顿大学校长威廉·鲍温(William G. Bowen)在《冲过终点线:在美国公立大学完成学业》(*Crossing the Finish Line: Completing College at America's Public Universities*)一书(与马修·钦格斯(Matthew Chingos)和迈克尔·麦克弗森(Michael McPherson)合著)中表明,来自最高收入四分位数家庭的学生与大学往往是"过度匹配"的(也就是说,在所有条件相同的情况下,他们就读的学校所提供的项目水平比他们应获得的成就要更高级),但来自最低收入四分位数家庭的学生则与其就读的大学是"匹配不足"的(即他们就读的学校所提供的项目比他们应获得的成就要差)。[6] 此外,当学生与就读学校"匹配不足"时,他们往往不如自己在匹配恰当的情况下表现得那么好,他们会错过关键的教育项目,缺少同等天赋同学群体的激励,并且会因缺乏挑战而感到无聊。后续的研究也证实了这些发现。研究显示,"匹配不足"学生的六年毕业率比匹配恰当的学生低28%。[7]

让大量来自低收入家庭但极具才能,且做好了上大学准备的学生错失上大学的机会,这是一场全国性的悲剧。简化的、低成本的、质量堪忧的教学项目已使美国高等教育进一步分层。在这种情况下,大学"匹配不足"更会威胁到许多希望通过获得大学学位来寻求社会流动以及稳固财务前景的人。在一个多元化的体系中,适当的匹配和可替代性谬论相反:它利用各种形式的高等教育,最大可能地发展人才。因此,这应该成为高等教育公共政策对话中的主要关注点。

在将学生与最适合学校相匹配的问题上涉及四个不同的因

素。第一，我们必须确保有大量易于获取、可靠而透明的信息，使申请人可以根据这些信息作出选择；第二，他们在处理信息和申请学校过程中获得了有力的支持；第三，使他们认识到自己与最有可能培养其才能的教育环境相匹配的重要性；第四，他们获得了用来抓住教育机会的资源。

提供便于匹配的信息

如果旨在将潜在的学生与最有可能充分发挥其潜能的高等教育相匹配，那么任何一个合理的体系都应该为人们普遍关注的事项提供清晰、一致、客观且经过验证的数据：包括学费、净学费、课程设置、班级规模、教师/学生比例、教师奖项、学生资料（SAT 或 ACT 的百分位数、高中班级名次、性别、国籍、种族等）、就业比例（包括毕业后六个月、一年以及五年后的数据）、学生满意度以及各种课程的毕业生在毕业后一年、五年和十年后的收入。美国联邦法律要求大学需提供上述项目中的大部分数据，但是我们需要将这些数据以标准化且方便获取的形式呈现出来，不过只有数据是不够的。如果我们不谨慎处理这些数据，那么学生和那些帮助他们做出教育决定的人会错误地认为只有这一部分数据是与他们所做的选择有关的。

这种只提供比较容易获取信息的数据系统可能会刺激到一些

管理大学的人(但这并不值得赞扬),刺激他们做出操纵机构的行为,目的仅仅是为了学校在系统选择收集的那些数据所反映的标准上"更好看",以牺牲其他更难以衡量的重要因素为代价。例如,他们可能会鼓励招生官只考虑标准化的考试成绩(忽略课外活动或个人背景信息),从而提高学校录取学生的中位数分数,或者,鼓励他们只考虑规定的等级分数(忽略课程难度),从而提高这项数据的指标。然而,尽管这些策略可能在短期内为学校树立了积极的形象,但从长远来看,它们只会削弱学校对录取学生的评估质量,最终破坏我们为了将学生与适合的学校相匹配所做出的努力。

有些人提出按学位带来的"投资回报率"对大学进行排名。想必这种排名系统的支持者会通过检查毕业生的收入来衡量"回报"。虽然收入信息(根据不同的学位类别,在毕业后的不同时间节点)确实应该包括在每所学校公布的数据里,但是将这些信息用于排名系统的想法真是糟透了。从这种角度来衡量学位价值的观点也会被纽曼和佩利坎这样的人拒绝——当然,也会被我这样积极寻求促进大学社会意义的人拒绝。

重要的是,大学提供的信息应涵盖广泛的范围(我称之为"指示板"),而不是只提供那些显而易见的、可衡量的信息。幸运的是,已经有一些可用的模型能够捕获一些可量化程度较低的元素了,供学生在选择学校时使用。

用于建筑物环境质量评级的领先能源与环境设计(LEED)系

统就是这样一种模型*,建筑师和建筑商对此比较熟悉。根据这套评估系统,建筑商自愿选择在质量水平上达到最佳实践标准,而这个标准是由独立开发的评分系统确定的。根据这个标准,建筑物被评为铂金、金、银或铜。然后,建筑商可以对获得的评定等级进行宣传推广,以吸引那些希望居住在环保建筑物中或经营环保建筑的人。我们可以创建类似的系统,用于对学生具有重要意义的活动中。有兴趣对其特定领域进行展示的学校提交相关数据,由同行专家组进行验证评估,将学校评定为铂金、金、银、铜或不值得认证。然后,学校可以将所获得的评级作为自己的指示板形象,为学生选择学校提供参考。想必没有学校(或极少数学校)能够取得所有类别的评级认证,那么如果学校缺少某项评级,就表示学校没有在这个领域提供相关信息,再结合标准化的大学数据列表,学校指示板系统将精确地显示参评学校的特征和评级排名,因此,学生可以依据这些要素考虑学校是否符合他们的需求和兴趣了。

例如,在这个系统里,纽约大学除了是纽约市一所重要的研究型大学这一显而易见的事实以外,纽约大学还将在海外学习项目、学生健康系统、全面的职业安置服务、广泛的实习机会等方面获得强劲的排名。此外,纽约大学在管理Ⅲ级运动项目上使用的平衡方案,使它能够与其他强势的学术型高校的校运动队进行竞争,这

---

* 领先能源与环境设计(Leadership in Energy and Environmental Design,LEED)是美国绿色建筑协会在 2000 年设立的一项绿色建筑评分认证系统,用以评估建筑绩效是否符合永续性,是办公环境高品质及绿色的象征。——译者注

或许会让很多人大吃一惊。这份特色清单会吸引一部分学生,而那些认为自己不需要这些机会的学生则会对选择纽约大学三思而后行,因为纽约大学的学费也反映了参加这些项目的费用。

我还要再补充一点:作为认证同行评审过程的一部分,每所学校都必须说明其基本理念和宗旨,即教育计划,以及为实现该教育计划应当如何调整学校的各种项目。作为定期认证审核程序的一部分,学校会被要求提供实例来说明如何在实践中完成既定目标。评审人员会将审查学校陈述的证据作为他们探访学校的一部分,然后对学校进行评级(即铂金、金、银、铜或不值得认证)。有了这些信息,学生就可以做出明智的选择,至少可以将自己的选择范围缩小到与其才能、欲望和热情相匹配的学校中。

为了提高学生(特别是资源匮乏的学生)利用学校相关数据的能力,我提出了类似于"为美国而教"(Teach for America)项目计划。我称之为"为美国而做大学咨询",这是一群新近毕业的大学毕业生,大部分来自被忽视的社区,他们将获得两到三年的奖学金来支持他们到有大学咨询需求的高中工作。他们可以向高中生解释大学教育如何改变他们的生活,他们可以帮助学生使用所有可获得的匹配信息,指导他们完成入学申请和经济援助申请,帮助他们评估收到的大学录取通知和学校提供的经济援助。

这个项目已经启动了,现在已初具雏形且被证明是成功的。这个项目是由一位优秀的纽约大学毕业生妮可·赫德(Nicole Hurd)构想出来并领导大学咨询团(CAC)实施的。赫德将刚从合作院校毕业,且已受过培训的大学生安排到条件薄弱的高中任全职大学咨询顾问。这些顾问帮助学生寻找合适的大学,帮助他们提交入学申请和经济援助申请,还帮助他们完成入学注册流程的后续步骤。大学咨询顾问的年龄和背景与接受服务的高中生相近,因此他们可以利用其他人通常无法做到的方式与这些学生建立联系。

该项目自2011年在纽约大学启动以来,已经有一批批纽约大学的毕业生在毕业后的前两年致力于CAC服务,取得非常显著的成果。2018年,在纽约大学合作的42所高中里,86%的学生有资格免费或以优惠的价格享受咨询服务。[8] 在纽约大学合作的所有高中里,有94%的应届高中毕业生提交了大学申请,80%的高中毕业生收到了至少一所大学的录取通知书。此外,纽约大学的CAC顾问帮助学生获得了超过9,500万美元的奖学金和机构补助金。[9]

CAC对所有合作高中的大学录取情况和学位完成情况产生了重要影响,其中一所高中的大学录取率在一年内增加了71%。[10] 在全国范围内,CAC服务的大学生中有74%坚持上到了大二,这大大超过了全国范围内低收入家庭学生坚持上到大二的百分比。[11]

这些数据令人非常欣慰。但是,尽管CAC目前有超过650名顾问在600多所高中里为20多万名学生提供服务,但实际需求还要大得多。如果要鼓励所有年轻人发挥他们的潜力,那么我们就需要在全国范围扩大这项工作。

因此,我们必须做出更多努力来增加每个学生都能找到合适学校的机会。除了像CAC这种提供指导者的项目以外,我们还应该使用技术和社交媒体。例如,美国陆军在其网站GoArmy.com上设置了一个名为"中士之星"的特色项目,指导有兴趣的潜力新兵把服役作为职业的选择。这个项目已经很成熟了,可供我们在为学生与大学做匹配的过程中进行模拟。

面对高等教育的成本与价格

一旦学生找到了适合自己的大学,而且学校也表达出对学生的兴趣并决定发录取通知时,那么接下来上学的"价格"就变得很重要了。关于这个话题存在着很多容易混淆的概念。

第一,教育的成本和价格(即学费或上学总费用)并不相同,而且两者之间存在很明显的差别。成本是指学校为了提供教育所必须投入的金额,价格是指学校向学生收取的,用以支付部分"成本"的金额。在美国大多数高等教育机构以及世界大多数教育体系中,学校为了提供教育所需要的成本往往超过了他们收取的价格,而两者的差额是通过某种补贴来弥补的——这些补贴来自政府,也来自学校获得的捐赠基金或者当前的慈善活动。但是,营利性机构是个例外,因为他们的目标是通过将成本保持在价格以下,从而创造利润。

第二,在一个运转良好的复杂经济体中,提供最全面的大学教育所需的成本,增长得比总体经济的通货膨胀更快。实际上,这反映了技术在总体经济环境中(技术能够显著降低成本)和高素质人才服务业(技术对成本的影响很小)的不同影响,这是由公式得出的数学结果。在《为什么大学花费这么高?》(*Why Does College Cost So Much?*)[12]和美国教育委员会的论文《大学学费剖析》(*The Anatomy of College Tuition*)[13]中分别对这种现象做了系统的阐述,两者论证的精华在于指明大学教育的关键因素是教师的素质和有意义的师生接触程度。因此,大学提供的教育质量越高,所需的成本就越高。举一个例子,大学成本的增加与较低的师生比是相关联的。

第三,教育的价格不需要上涨。即使构成高质量教育的各个组成部分的成本上升,也可以通过引入额外的补贴(好主意)或降低质量(坏主意)来限制学费(价格)上涨。

第四,在某种程度上,支持"优质大学的成本增加不可避免"这一观点的强有力的证据是类似于铁三角法则:为了保持质量,就必须增加补贴或学费(价格);为了减少学费,必须提高补贴或降低质量;而要减少补贴,要么降低质量,要么提高学费。

第五,过去四十年来美国公共政策对高等教育的看法发生了结构性转变,从将其视为"公共物品"(例如在《退伍军人法案》或纽约州董事会奖学金的早期版本中)转变成了将其视为"私人物品"(即受益的学生应承担接受教育的全部费用)。从政策上讲,这一转变的结果是为了减少高等教育提供的公共补贴,成本随之转移到个人身上,而这种转变与成本上升的压力相结合加速了价格(学费)的上涨。

第六,与所有行业一样,高等教育领域也存在着效率低下的现象。以那些骇人案例为亮点的轶事比比皆是,并且经常主导着对话交谈。大学必须消除所有不必要的支出,但大学在进行这项努力时,必须注意要避免波及到正在提高教育效果的项目(那些项目确实会增加成本但效率并不低下)。例如,学生的健康项目可能会增加费用,但是也会增加学生的保留率。美国高等教育在内部和外部都面临着激烈的竞争,因而我们的大学已经在努力提高效率了。可以肯定的是,在这方面我们也许还会有进一步的收获,但那些期待大学带来高利润的人会感到失望。

第七,在寻求大学教育时,学生可能愿意牺牲大学教育里最全面、最具广泛性的要素,从而降低学习成本。在没有奖学金或其他资助的情况下,一些人会因其财务状况而不得不做出这种选择。对于大多数商品我们都会做出这种选择,而且在购买昂贵商品(如房屋、汽车、假期或电器)时,我们更是会这么做。

为了寻求更低的价格,一些学生可能会选择放弃具有某个或某些特点的学校。这些特点可能包括:丰富的课程、较低的师生比、综合性强的助教/辅导特色、完善的国际化课程、丰富的课外活动项目、精心设计的学生健康服务、强大的就业安置办公室、多样化的学生群体(得益于认真深入且有精兵强将贯彻执行的招生流程以及慷慨的经济援助计划)或优质的设施(从实验室到宿舍再到运动设施)等。对于一些学生来说,这其中一些要素可能并不重要,因此不值得支付额外的价格。对这一部分学生来说,牺牲这些要素以获取较低的上学价格是完全合理的。

另一些学生可能会因为无法承担较高的学习成本而被迫牺牲对其全面发展具有潜在意义的要素,然而一个公平的社会应该希望这类人越少越好。我们为这种情况感到担忧。不需要考虑价格的特权人群很少会选择以牺牲教育质量的做法来节省资金。例如在纽约市,许多父母付出巨大的努力让他们的孩子参加每年40,000美元或者更昂贵的K‐12课程(从幼儿园到12年级的教育),而且他们经常额外支付大量的资金用于辅导和咨询服务,其目的是为了让他们的孩子能够选择价格更高的大学。

总而言之,最大程度地提高每个公民的发展水平会给社会带来巨大利益,在知识时代尤其如此。这就是为什么我们应该努力减少这种情况——因为读大学的价格因素,学生被迫接受自己实际发展水平低于自身天赋本来能够达到的最佳状态。要减少这种情况,就不可避免地需要用补贴的形式来弥补价格与学生支付能力之间的差距。因此,随着学费升高,补贴也应该增加。

技术的作用

技术渗透到我们的社会中,扰乱了出版和运输等各行各业。

许多评论家认为，美国高等教育陷入了一种"旧模式"，并未适应技术带来的这种新的、截然不同的环境。根据这些评论家的观点，美国高等教育的卓越之处同时也是它的劣势所在，而大学的领导者们还因卓越而自满自得。事实上，这注定了美国教育势必会被国外的竞争者或者新的授课方式所超越。而这恰恰是美国汽车业在20世纪70年代的命运。

然而，美国高等教育的领导者绝不是自满自得。事实上这个行业的人才竞争非常激烈，创新背后的推动力也非常强劲，自满是学术界最要不得的情感。实际上无论是通过开展研究还是开发新的授课机制，将技术融入教育的创新发展已经在美国校园中诞生了。

毫无疑问，在未来几十年，技术将会在包括高等教育在内的各级教育中发挥越来越重要的作用。正如在整体经济环境中一样，技术在某些领域将有助于降低成本，这会在教育的价格上得到反映。某些学位将完全通过在线的形式提供，这会显著降低教育的成本和价格。对于一些学生，尤其是年龄较大的学生或在职学生来说，在线大学学位可能是最好的选择。据我所知，高等教育领域里没有人会反对这些事实。

我们在拥抱技术的同时，必须以适当的方式将技术融入多元化的高等教育系统中。教育质量必须是我们的首要目标，同时教育环境也是至关重要的。

现在，甚至在未来几年里，在教授和学生进行传统型互动之前、期间或之后引入技术,会使各种各样的课程得到增强。一些课程将通过技术模拟和游戏的方式来补充教学。技术还可以使一些课程同时或不同时地在多个地点进行,这样可以引入其他地点没有的教学方式或专家教授,从而创建更加丰富的课程。这些技术发展中的每一点都很重要,都以某种方式为提高教育质量做出了贡献。当然,有些技术创新会降低成本,有些可能会增加成本,但是这种增加是值得的,因为最终实现的教育成果更为突出,或者成果能够得到更广泛的应用。

在拥有优秀的学生和颇具才华的教师的高校里,即使从各项费用中扣除技术带来的成本后,总成本还是会因为引入技术而增加——似乎这是违反直觉的。这主要是因为使用最新的技术工具对学生进行培训是非常重要的,同时向高级研究人员提供这些工具也是至关重要的。这种需求加快了校园投资周期和物资快速折旧周期,同时这种投资又增加了成本。因此,技术并不是可以用来降低成本的万能灵药,在教育行业的一些重要领域,它反而提高了成本。

也许,技术最大的直接影响是通过互联网为大量人群提供了教育的可能性,比如技术推动了大规模在线开放课程或慕课(MOOCs)的出现。正是在这种模式下,关注"不同教育环境中的教学质量"尤为重要。

我是民众大学(the University of the People)校长理事会的主席,这是一所在线大学,由具有远见卓识的赛·雷谢夫(Shai

Reshef)创建和运营。民众大学会录取任何一名持高中文凭,英语流利,并且具有上网条件的学生。学生们分成相对较小的群组上课(通常每班有二十几名到三十几名学生),在志愿者教授开发和指导的课程中使用开源材料。课程结束时,每位学生都要参加线上加密考试并获得成绩。现在,民众大学已经是一所经过认证的美国大学(由远程教育和培训委员会认证)。除了收取很少的考试费用(甚至连这一项费用民众大学也会根据学生的请求免于收取)以外,这所大学的教育是完全免费的。

我第一次听雷谢夫介绍他的大学时,一位正在主持座谈的技术爱好者惊呼:"您就是未来!"雷谢夫回应道:"我希望不是。对于那些没有其他选择的人来说,我们只是希望的源泉。"

教育环境是关键:即使是民众大学提供的简化方法也比根本无法接受教育要好得多。但是,如果我们能够避免,就不应该把那些才华横溢的年轻人置于这种极简的教育模式之下。雷谢夫和我启动了一项计划,旨在帮助那些在民众大学第一期课程中显示出良好前景的学生获得经济援助,从而进入综合性大学学习。伯克利大学、爱丁堡大学或纽约大学已经通过这种方式发现了非常优秀的学生。

在线教育可以成为一种重要的工具,为数百万无法通过其他方式获得高等教育的人提供教育机会。在线教育还可以为其他从理论上来讲能够接受大学教育,但实际上无法进行传统课程学习的人提供教育。有些人需要工作,有时候上课的时间与工作安排相冲突，那他们就必须优先工作；有些人要承担家庭义务；还有一些人住在偏远的地方。在这些情况下，技术的运用将成为推动高等教育"大众化"和"民主化"的重要元素。

这使我得出了关于在高等教育中运用技术这个问题上的最后一个观点。如果我们始终都能够意识到灾难性的社会隔离所产生的危险，我们就可以采取措施，把技术用作搜索引擎去发现有天赋的学生，并使他们抓住上进的机会。就像民众大学发现有才华的学生一样，如果给予他们充足的机会和经济援助，他们就可以在伯克利大学、爱丁堡大学或纽约大学蓬勃发展。因此技术驱动型的课程和慕课也同样有助于在世界各地发现有才华的学生。所以，我们有必要在用技术提供的课程中附加上发现人才的过程，并向在这一过程中所发现的学生提供经济援助计划，从而给所有人提供教育机会。

"10,000 美元的大学学位"没有任何问题，只要这个学位是由学生自主选择的，而且他们明白这与花费 180,000 美元的学位有多么大的区别。但是，对于那些能够通过接受更全面的教育而蓬勃发展的人来说，他们不应该被迫接受这种极简的教育。就好像，我是没有办法在线上体验到我高中老师查理的教导一样。除非每个公民都有机会充分实现其全部潜能，否则我们只是在努力增加拥有大学学位的公民的数量，而无论这个数量是多少，都不能代表我们获得了成功。

关于学费和学生债务的误导

多年来,评论员们一直把注意力集中在学费上涨的现象上,导致一些和现实仅有一丁点儿联系的"事实"已经嵌入了公众对话中。这样的后果是,使美国民众对大学教育丧失希望或产生误解,认为大学教育是许多人可望而不可及的。因此,我认为有必要展示本科教育学费和学生债务趋势的相关数据。这些数字可能会让大多数人感到惊讶,因为我们已经习惯使用"过高""令人震惊""令人咋舌"或"使人难以承受的"这样的形容词来描述学生债务了。

在美国各级政府中,两党政客普遍关注降低高等教育价格的需求,却没有意识到降低价格对教育质量产生的负面影响。实际上,这种关注渗透到了由专家和权威塑造的关于高等教育的对话中,这其中一些人甚至已经凭借着攻击高等教育建立了一番事业。

高等教育批评者的第一个论点是大学正在通过给学校的设施和服务"镀金"来吸引学生,在这一点上他们以攀岩墙和漂流河的故事做论据。而后,他们声称校园里充斥着效率低下的问题——行政膨胀,过度支持教师研究,以及其他未经核验的支出等。他们还继续断言道,如果学校不受监管,那么不管收到多少学费或政府援助,学校都会花完,并且完全不会节约费用。最后,他们的结论是预言高等教育的"泡沫"即将爆破。

撇开那些个别的故事,实际上这种对学费上涨的解释与大学生活的现实相矛盾。首先,一个人的"镀金"可能对其他人来说是必不可少的需求:在一个能够提供多种教育选择的系统里,现实就是如此。从入学培训项目到就业安置服务,从经典课程到小组研讨会,学校提供课程的任何要素都可以被一些人视作"镀金"。同样地,这个要素对于另外某个学生来说可能就是在学习和生活中取得成功的关键。在这样的系统内,学校所做的每一项改进都会增加成本,因此在没有补贴的情况下,就会导致学费的上涨。然而,对于特定的学生来说,学校所做的改进和随之而来的学费上涨,可能代表了一所能够充分发挥学生全部潜能的学校与另一所不具备这种能力的学校之间的区别。

其次,大学校园里存在着效率低下的情况,这是毫无疑问的,但大多数学校都在为此做积极的努力,尽量降低行政管理的成本。在纽约大学我们采取了一系列措施,从降低能源成本(纽约大学现在拥有自己的热电联产厂)到消除重复的行政职能,将大学的行政成本降低了20%。的确,现在校园里行政管理人员的总数比二三十年前要高,但这种人员增加通常是因为学校对一些重要的新项目(如学生保健和健康服务)的重视程度大幅上升,或者是因为政府极大地增加了在某些方面的监管和合规要求。

针对这一点,高等教育的批评者通常会转到第三种观点。他们声称,就像在医疗保健行业一样,高等教育中第三方付款人的存在(在高等教育中是政府提供补助和贷款;在医疗保健行业是公共或私人保险公司付款)消除了产品提供者(大学)抑制成本的动机。

但是,在医疗保健行业,决定是否要花更多钱的人(即医生和病人)通常不会负担边际价格的上涨(由第三方支付者承担)。相比之下,在高等教育领域,是由那些决定为上某一所大学花更多钱的人(学生及其家属)承担了增加的大部分费用(不管是立即支付还是通过贷款偿还)。由于学生及家人对他们要为高等教育所支付的费用十分重视,因此对于大学至关重要的是,在不损害教育质量的前提下尽可能抑制价格以赢得人才竞争。

这时候,批评者就会提出第四种观点,即一个预测:高等教育行业的人们很快就会看到"泡沫"破灭了,因为学生及其家人将不会继续支付不断增加的学费。提出这种预言的人通常会提到互联网泡沫、房地产泡沫或几个世纪以前的郁金香泡沫。这种说法是非常欠考虑的。过去的金融和商品泡沫是投机的结果:投资者购买股票以及房产拥有者借入资金购买资产都是基于一个投机性假设,即资产的价值会增加,所以他们认为将来能以足够偿还借款并获取利润的价格将资产转售。在泡沫型投资中,这个投机获利的过程会持续一段时间,然后突然停止,同时价值急剧下降。最终,投资者或借款人遭遇"缩水",因为前期的投机性假设被证明是没有依据的。

学生借贷上学与这种投机性投资毫无可比性。因为学生获取学位并不是为了随后把学位转售给其他人。教育本身就是好事,是可以终身受益的。此外,如果有兴趣将学位的价值货币化(例如转化为终生收入),那么这种投资回报就不是投机性的,而是很容易根据各种职业途径上的就业数据来确定的。舞蹈专业的学生明白和接受他们与商科学生有着不同的收入前景,但是只要有清晰的数据和良好的指导,学生就可以做出明智的选择,而不是投机性的押注。

最后,研究数据的人都知道,高等教育是很重要的,它为成功的人生创造了前提,并且对终生收入产生了积极的影响。事实上,根据经济政策研究所的分析,大学毕业生与其他人之间的薪酬差距会随着时间的推移而持续增长,目前已达到创纪录的水平。[14]

然而,尽管大多数美国人都明白房屋是一项资本投资,但他们却不以同样的方式来看待高等教育。这种混淆尤其令人不安,因为房屋的价值(正如我们在 2009 年被提醒的那样)可能会迅速下降,而经过适当选择的大学教育却永远不会贬值——不论我们是狭隘地以经济收益来衡量教育的价值,还是更广泛地将其视为通向充实生活的途径。

对这个问题的通俗表达加剧了这种混淆,对那些财务知识较差的人尤其如此。但是这种表达大多是基于美国高等教育的债务总额已经超过了信用卡债务总额这个事实的,这完全是苹果和马匹的对比。因为信用卡债务是消费者支出,不是资本投资。相比之下,高等教育的借款总额远低于房屋抵押贷款这一类更具可比性的债务。

换句话说,"专家"告诉美国人,在纽约市外某个行政区的郊区购买一间小型一居室公寓,承担 250,000 美元的抵押贷款(以及每月额外的维护费用)是明智的做法,但是为大学教育承担明显低很多的负债却是不明智的。

然而,不仅仅是这些问题的表达有缺陷,那些所谓的事实情况也常常是错误的或具有误导性的。

想一想关于学费的常规讨论。确实,学费水平(全额学费的"标价")一直在增加,在大多数学校,其增长速度比整体(消费者价格指数)的通货膨胀还要快,但是考虑到高等教育的性质以及政府和其他机构提供的补贴在减少,这是可以理解的。根据通货膨胀的因素进行调整后,学费的实际数字并不像大多数人想象的那样惊人:在过去十年中,四年制公立大学名义上的学费(加上其他杂费)上升了37%,在过去五年中,上升了8%,在过去两年中,上升了3%,[15] 而在四年制私立大学里的可比数字分别为26%(十年),12%(五年)和4.5%(两年)。[16]

当然,很多学生没有支付全额学费。通常,他们会以经济援助补助金的形式获得补贴,除去补贴之后得到的才是这些学生实际支付的净学费。为了更准确地了解高等教育的学费情况,我们必须关注净学费的趋势。在这一点上,公立大学净学费的增长仍然是可观的:35%(10年),20%(五年),和9%(两年),这反映了政府的支持在减少。然而,在私立的非营利性大学里,情况却截然不同。在过去十年里净学费实际上减少了8%。根据美国大学理事会的统计,现在私立大学的普通学生只需支付学校列出的学费、房费和餐费价格的57%(低于十年前的67%)。因此,经通货膨胀率调整后,这些学校的学费净价低于十年前。[17] 当然,人们是不会在大多数新闻报纸中读到这些事实的。

同样,学生债务的规模也不像报道的那么可怕。纽约联邦储备银行 2015 年的一份报告显示,43% 的学生债务人债务总额低于 10,000 美元,65% 的人债务总额低于 20,000 美元,95% 的人债务总额低于 100,000 美元。[18]

桑迪・鲍姆(Sandy Baum)所著的《学生债务:高等教育融资的豪言与现实》(*Student Debt: Rhetoric and Realities of Higher Education Financing*)以及贝丝・艾克斯(Beth Akers)与马修・M・钦戈(Matthew M. Chingo)合著的《贷款游戏:学生债务的豪言与现实》(*Game of Loans: The Rhetoric and Reality of Student Debt*),提供了对学生借债情况的综合分析,得出的结论与"学生债务危机"的传统观点大相径庭。[19] 两本书都指出,收入最高的 10% 的家庭承担着债务总量的四分之一;在持有最高债务的学生群体里,持有高级学位和专业学位的比例较高,违约率较低。简而言之,我们当中最富有的人持有最多的学生债务,并且他们有能力偿还债务。出人意料的是,违约学生数量最多的是那些就读于价格相对较低的营利性学校的学生群体。布鲁金斯研究所最近的一项研究结果显示,许多就读营利性学校的学生不上大学反而会有更好的经济状况。平均而言,获得营利性学校证书的学生无法获取足够的收入来抵消他们所背负的债务。[20]

最严重的问题是,为了获得高等教育而背负贷款的学生却没有完成他们为之借贷的学位。他们背负着债务,但却没有获得学位,这是世界上最糟糕的事情。不足为奇的是,这些学生通常就读于营利性学校或者教育记录相当平庸的非营利性学校,这些学校的学位完成率低,学生满意度低,而且同行评价也差。这一发现突显了学生获得良好的指导是多么重要,这些指导可以使学生匹配到可能让他们获得成功的学校。

即使我们不考虑为学生匹配学校所做出的积极努力,这些数据也说明了对于绝大多数人来说大学教育是最好的投资之一。抛开教育给生活质量带来的重要但却无法衡量的改善,仅凭经济回报来判断,大学教育的投资回报也是巨大的。2014 年,麻省理工学院的经济学家大卫·奥特尔(David Autor)估算,大学学位的真实成本(学费/杂费减去终身收入差距)为－500,000 万美元(根据通货膨胀和货币时间价值调整后)。[21] 由于创纪录的大学薪酬差距,在今天这个价值甚至比几十年前更大。

此外,经济学家说的上大学的机会成本(或换句话说,选择继续上学而不是工作的学生失去的收入金额)正在下降,因为没有上过大学的人工作机会更少,他们可获得的工作薪水更低。因此,随着机会成本持续下降,大学学位的收入潜力持续上升,大学学位的真实成本继续下降。

面对这些数字,那些向我们发出"学生债务危机"警告的人继续引入了一个新论点:即使在没有违约的情况下,参与借贷的学生在生活中的表现也不如其他人。为了支持这一说法,他们引用了首份《盖洛普-普渡指数报告》(*Gallup-Purdue Index Report*)，该报告对3万多名大学毕业生的生活状态进行了研究。在标题为"贷款债务可能会损害幸福"的相关章节中指出："毕业生为支付本科学位而担负的学生贷款金额与他们幸福的各个方面相关。贷款数额越高，幸福感越差。"[22]

这听起来似乎很令人信服，但直到你注意这个报告里所比较的群体是一组借了贷款的大学毕业生与另一组没有借贷款的大学毕业生。这里的研究发现，最显著的差异存在于借款超过50,000美元的人群（约占所有毕业生的2%）和毕业时没有学生债务的人群（约43%）之间。这种比较的结果其实只是常识：在各方面的幸福体验上，那些没有债务的人往往比那些有债务的人感觉要好，而那些没有债务的人往往比那些负债最重的人感觉尤其好，至少可以说，这一结论不足为奇。这个问题不在于学生是否会因为他们口袋里装着借来的钱变得更好，而在于学生在有债务并且获得学位的情况下是否比没有债务获得学位的情况更好。有充分的证据表明，既有债务又有学位的学生经济状况更好。

《盖洛普-普渡指数报告》中的一些发现需要审慎考虑，因为它们低估了债务对学生的影响。例如，那些有债务的人很有可能像没有债务的人一样，声称自己在"社会上蓬勃发展"。这份报告中还有一个发现是非常有教育意义的：影响毕业生后来生活幸福感的关键因素是他们与学校里曾鼓励过自己的教授的关系——在我自己的生活中相当于我和查理的关系。拥有这种经历的毕业生，和那些参加过研讨会项目或者非常喜爱参与课外活动的毕业生一样，他们"蓬勃发展"的可能性比没有这些经历的学生高出两倍。对于那些低估了高质量教师、小班教学或课外活动（以及随之而来的上学费用）重要性的人来说，这一发现应该能让他们消停一下了。

如果对有关上学的实际成本、学生债务的性质和影响以及大学学位的价值等基本问题的误解不加以纠正的话，不仅会损害到因被误导而灰心的学生的学业成就水平，还会损害到我们国家的前景。正如布鲁金斯研究所在一份报告中提出的警告："对债务的负面态度有可能鼓励人们厌恶债务，这可能会阻止学生进入大学。"[23] 即使对于那些已经上了大学的人来说也是如此，负面的论述可能会阻止他们进入适合的大学。

一位中国朋友曾向我解释过，在儒家社会中，下一代的教育是家庭和政府的首要义务，房屋、汽车和度假都是次要的。但在美国，公共政策赋予教育的地位要低于所有这些优先项中的一项甚至全部项。起码他的部分观点是对的。最近，美国一位主要决策者竟然痛惜道，背负平均 28,000 美元学生贷款的毕业生将被迫推迟使用大概同等数额的贷款来购买汽车的计划。从某种意义上说，高等教育的成本问题只是美国人倾向于重视短期利益而非长期回报这一现象的特殊表现形式。但是在本世纪，当社会的成功取决于公民的受教育程度时，这就成了一种令人极其不安的现象。因此，公共政策必须对此做出回应，而且必须为这种努力提供资金。下面,我们就来探讨这个问题。

减轻学生债务负担: 以收入为基础的学生贷款偿还计划

那些富有才华、值得接受高等教育的人并没有集中在任何一个地区或社会阶层,不论是否以收入、性别、种族或民族作为标准。因此,决策者必须特别注意任何有倾向将高等教育的益处局限于特权阶层的趋势。无论在什么情况下,社会都无法承担浪费人才的后果。新美国基金会(New America Foundation)最近的一份报告发现,将近三分之二择优录取的公立大学招收的低收入家庭的学生数量比二十年前要少,但来自高收入家庭的学生录取人数却以同样的差额数量在增长。[24]

在理想的世界中,高等教育被视为一种公共物品,所有人都应该享受这项权利并从中受益。这种观点在许多发达国家中是占主导地位的,但它却不能推动美国制定相关政策。鉴于这个不幸的事实,为每个有资格的学生提供适当大学教育的最佳方式就是以收入为基础的还款(income-based repayment)计划。通过合理的设计和规划,应该会让学生充满信心,让他们知道可以向政府借钱来支持自己从最适合的学校获得优质学位,而且毕业后不会面临沉重的经济负担。

澳大利亚和英国已经建立了以收入为基础的还款计划。两项综合性研究(《布朗报告》和《汉密尔顿项目》)介绍了类似计划的综合版本。此外,还有其他备选方案可供开发,稍后我也会建议一些合理的修改方式。这些计划以及我将提出的计划都是多数人可以负担的,而且具有经济意义。

奥巴马政府于 2012 年推出的"按收入还款"(Pay as You Earn, PAYE)项目,可以作为一种有效的以收入为基础的贷款偿还计划的基础。该项目的结构非常简单,需要借款的学生可以通过标准化的政府借款项目进行借贷,在毕业后偿还贷款。但是(这也是该项目的主要特点),借款人在任何一年中需要支付的金额都以下面两个数字中的较低者为上限:高于预设标准收入(目前为州贫困标准的 150%)的 10%,或者十年期标准全额追索贷款(standard full-recourse loan)计划下的还款金额。还款二十年后,剩余的欠款金额将清除归零。2015 年,美国教育部扩大了 PAYE 计划,使得更多的借款人有资格获得贷款(REPAYE,按收入还款修正案)。[25]

一般情况下,在毕业时背负 50,000 美元债务的毕业生,在标准的十年还款期内,每年需要还款的数额约为 6,500 美元。但是如果这名学生参加了 PAYE 项目,则还本付息的金额将会根据前文所述的计划参数来计算,绝不会超过 6,500 美元,甚至该计划的上限参数可能还会降低学生实际的还款金额。例如,按照目前纽约州贫困水平收入(个人为 18,090 美元)的 150% 计算,假设某个毕业生的可支配总收入为每年 26,090 美元,那么该生需支付的还款数额仅为 800 美元(即超过 18,090 美元的 8,000 美元的 10%),而不是 6,500 美元。[26]

各州的贷款项目可以对 PAYE 计划进行极具价值的补充。针对大学毕业后继续居住在纽约州的本州居民,纽约州提供了"独立自强(Get On Your Feet)学生贷款豁免计划":如果他们毕业后前两年的收入不足以偿还学生贷款,那通过这个项目就可以让他们在这两年里偿还很少的贷款或者根本不需要偿还贷款。纽约州的项目是对联邦 PAYE 计划的补充,这使得毕业生更容易应付学生贷款的偿还问题。对于毕业后继续居住在纽约州并且参加了 PAYE 计划的本州学生来说,如果他们的年收入低于 50,000 美元,纽约州将全额支付他们毕业两年内需要偿还的学生贷款。通过将 PAYE 计划和纽约州的补充援助计划相结合,符合条件的学生在大学毕业后的前两年将无需偿还学生贷款。[27]

作为对有关学生债务对话的呼应,有些批评者指责以收入为基础的贷款偿还计划更容易产生债务,进而推动学费上涨。还有一些人认为,此类计划可能会阻止学生通过贷款的方式购买其他重要的商品,如房屋。还有一些人指责这些以收入为基础的贷款还款计划会鼓励学生背负学生债务,同时又期望自己不需要偿还债务,从而产生"道德风险"。

这些论点明显带有家长式作风,他们剥夺了"受保护"学生做出重要选择以改善生活的权利。即使有一个宏大的以收入为基础的贷款偿还计划,学校仍然有强烈的动力尽可能地提供经济援助,从而争取到优秀的学生。学生将会尽量少借贷,因为他们借的越少,需要偿还的也就越少。在这种情况下,大学仍然需要证实他们能够提供额外价值的能力,以此向未来的学生和捐赠者证明大学收取更高的学费是合理的。

如前所述,有些人会选择为了少花钱或者少借钱而放弃一些教育设施,就像消费者在购买商品时会做的选择一样。另外,很重要的一点是,在选择教育时,这种选择应该是充分知情而且自愿的,也就是说,不应受经济或社会阶层的支配。

如果能够充分获取关键的信息、充裕的资金和适当的财政援助机制(如前文所描述的那些机制),随着时间的推移,匹配和分类的过程将对美国高等教育格局的形成产生深远的影响。鉴于其价值定位,被公众认为学费过高的学校将受到重创。有些学校学费高但教育质量也高,并且具有清晰而有意义的价值定位,因此将会幸存下来并繁荣发展。这样的学校对于任何拥有才华且适合自己的学生,都将是真正开放的。高等教育行业将根据学生及其家庭的选择进行调整和适应,这其中任何一方都不会因经济状况陷入困境。

关于以收入为基础的还款计划的最后一个对立论点是PAYE计划和类似的项目将给联邦政府带来额外的成本——这还值得进一步讨论。即使不考虑类似项目带来的额外成本,目前PAYE计划中本科学生贷款的总成本也还不清楚。但显而易见的是,参加PAYE计划的借款学生数量正在增加。如今,参与该借款计划的学生有650万名,占所有借款学生总数的25%,他们担负的债务总额为3,520亿美元,占目前正在偿还的学生债务的一半。[28] 但是,那些坚持想要获得最大利益的人还没有充分利用它。

由于以收入为基础的贷款偿还计划体现了最有可能让学生进入合适大学的政策,我认为增加PAYE计划的参与人数是一个理想的目标。当然,增加参与人数无疑会增加计划的成本。但我们可以找到其他资源。

从总体上看(且不计算巨大的间接经济利益),由政府提供的附带有按收入比例还贷(income-contingent repayment)条款的学生贷款计划可以看做自负盈亏的计划。2012年,政府取消了私人贷款机构,自己成为了学生贷款的提供者,这一年政府获得了400亿美元的利润。[29] 将这笔利润中的一部分用来支付宽松的按收入比例还贷计划的费用,这是公平的。同时,除了重新获得这一部分资源外,足够宽松的按收入比例还贷计划还将允许政府对当前专门用于一系列可以说是非必须的联邦补助金款项进行重新分配,仅重新分配这些款项就可以弥补增加的成本了。

此外,对于纳税人而言,PAYE计划和其他类似但更为宽松的计划相比现有贷款计划的成本更高,政策制定者可以考虑对PAYE计划的结构进行修改,但前提是确保对大多数借款人的影响是较为温和的,同时又可以大幅减少贷款核销的总额。这类修改可以包括:在以收入为基础的还款计划中,放宽每月实际还款的最高限额(当前的限制是必须低于传统贷款计划中的还款标准);将还款期限从二十年延长至二十五年;根据家庭收入而不是个人收入来还款。

还有其他降低潜在成本的方法,例如根据初始贷款的余额实施两级贷款减免计划,包括:在二十年后免除低于40,000美元的贷款余额,以及在二十五年后免除超过40,000美元的贷款余额;现行规定的每月还款上限可以取消(现在规定每月还款数额不得超过标准十年期贷款计划的月还款金额,即使借款人可支配收入的10%超过了这一标准也不能多还款);或者为57,500美元的"公共服务贷款减免计划"制定贷款免除上限。[30]

在实际运行中还可以做进一步调整。我认为限制政府贷款项目总成本的首选方法是,在大学有资格为毕业生提供基于收入的贷款认证之前,政府为大学制定基本绩效标准。标准可以包含最低毕业率(例如,全国平均水平的70%)。对于那些接纳低收入、被忽视或者有风险的学生并且让学生受益的学校,可以降低这个最低标准。对于那些除了债务以外几乎不能为学生提供其他服务的学校(通常是用债务换取毫无意义的学位或根本无法获得学位),这些精心制定的最低要求将会加速他们的消亡。清除这些学校会降低违约率,从而降低该贷款计划的成本。

我所列出的各种节省成本的方法组合起来能够支持以收入为基础的还款模型,这个模型可以涵盖的借款(最高限额)比PAYE计划所涵盖的借款要高得多。例如,将私立大学中学费的80%设为贷款上限,有利于使学生真正自由地与最适合他们的学校相匹配。

目前,最理想的以收入为基础的还款计划仍是"有待确定的"。但重点是:如果我们认为美国将不再以公共物品的形式为公民提供适当匹配的高等教育资金,那么一个完善的,将高等教育视为"准"公共物品的以收入为基础的还款计划,将大大有助于美国人最大程度发挥其潜能和机会的可能性。

应用这一提议的案例研究: 纽约大学

纽约大学是一所以学费为基础的精英研究型大学,也是美国最大的私立大学。四十年前,纽约大学几乎接纳了所有提出入学申请的学生——当时它正处于破产边缘。事实上,学校教职员工曾被告知要延后两周才能拿到工资。当时纽约大学的住宿学生很少,大多数学生从纽约市或周边县的家中通勤上学。

1981年,在约翰·布雷德马斯(John Brademas)和杰伊·奥利瓦(Jay Oliva)的英明领导下,一项变革开始了,这在数十年后被伯克利大学的大卫·克普(David Kirp)称为"当代美国高等教育的成功典范"。[31] 到今天,纽约大学已跻身于世界领先的研究型大学。

纽约大学三个门户校园的招生过程都是由"确保纽约大学是每个学生的最佳匹配"这个愿望驱动的。招生官员仔细解释道,纽约大学是一所研究型大学,拥有开展本科教育的所有方式。他们注意到,三个门户校园之间的差异对某个特定的学生可能有着或多或少不同的吸引力。如果学生倾向于我们的纽约校园,那么他们看中的是12个本科学部所提供课程的多样性——从传统的文理学院到个性化的文科课程研究,到表演艺术,再到商科等。

在任何情况下,招生都是"与学生的资金需求无关的",即在录取学生时不考虑他们的支付能力。然而,学生一旦被录取,如果经验丰富的招生官担心学生要承担的债务(基于预估贷款以及政府和学校的助学金)将处于较高范围,那么他们就会确保让学生了解就读纽约大学所需要承担的经济负担,即使这会导致纽约大学无法招收到希望录取的学生。

无论学生是通过纽约校园,阿布扎比校园还是上海校园进入纽约大学,学费都是一样的。但是,学生可获取的经济援助则根据就读校园的不同而有所差异。这种差异背后的故事是具有启发作用的。在阿布扎比和上海,纽约大学与当地政府是合作伙伴。幸运的是,这些国家的政府合作伙伴认同高等教育是一种公共物品的理念,他们会提供资源来确保学生不会因为个人的财务状况失去本来可以到纽约大学阿布扎比分校或上海纽约大学就读的机会。

相比之下,纽约大学在很大程度上依赖于学生支付的学费来支持学校的各种项目,这其中也包括为无力支付学费的学生提供经济援助。这样做的结果是,许多需要经济援助的人没有得到满足他们需求的援助。三个门户校园之间的对比生动地说明了在一所依赖于学费的研究型大学里成本（质量）、补贴和价格（学费）三者之间的关系。因此，纽约大学纽约校园是一个非常实用的例子，可以以此说明我提议的以收入为基础的贷款偿还计划的运作模式。

现在，纽约大学努力在不影响教育质量的前提下尽可能地限制学费的增长，但纽约大学的学费已处于全美最高水平了（排名前5％）。如果再加上生活在纽约的食宿成本，那么住宿学生的全部上学费用将使纽约大学的排名更上一层楼。尽管如此，纽约大学的学生经常在上学的同时去工作以尽量减少负债，因此绝大多数学生实际的负债数值比媒体轶事中暗示的要低。

根据纽约大学纽约校园最新一届毕业年级的相关数据显示，四年后这届学生的债务总额中位数为 2,750 美元。如果只考虑那些有贷款债务的学生，剔除那些没有债务的学生，那么四年后的债务中位数将上升到 26,885 美元。在第 75 百分位数，全年级的四年期债务为 26,888 美元，贷款学生的四年期债务为 32,809 美元。在第 90 百分位数，数字分别是 36,537 美元和 57,505 美元。在第 95 百分位数，数字分别为 57,542 美元和 84,625 美元。简而言之，在公共话语中有关学生债务的极端故事只占整个年级的一小部分。

这些数字并没有在我们的校园里滋生自满情绪。纽约大学已经把提供更多慷慨的财政援助作为其首要任务。我的继任者安德鲁·汉密尔顿以极大的热情关注着这项工作。然而，仅仅是在两代人之前，纽约大学的捐赠情况显示出大学遭遇着破产的影响。

尽管纽约大学享有盛誉,并在筹款方面取得了显著的成功(在过去的 15 年中,纽约大学一年 365 天每天筹集资金超过 1,000,000 美元),但纽约大学学生的人均捐助资金(除去可用于资助学生的资金之后的相关数字)仍然低于美国所有私立大学的中位数,同时也远远低于其他同类学校。

自 2003 年以来,纽约大学的人均捐赠额几乎翻了三倍,达到每名学生 80,000 美元。但在哈佛大学、普林斯顿大学和耶鲁大学,这个数字接近 2,000,000 美元。按照历来 5% 的捐赠支出率计算,纽约大学的捐赠收益为每名学生 4,000 美元,而在哈佛大学、普林斯顿大学和耶鲁大学,这一可比数字为每年每名学生超过 100,000 美元。这些基本数字意味着在纽约大学对财政援助的捐款支持是微不足道的,特别是与我们的同类院校相比。

纽约大学竭尽全力来对抗这个"数学难题"带来的后果。纽约大学每年向学生提供的无偿援助超过 3 亿美元。这种分配增加了学校的开支预算,但是所有学生都可以从更加多样化的学生群体中受益。经济条件较好的学生可能会受益更多,因为他们能够与来自不同背景或为了上课而必须工作的同学接触。

2003 年,纽约大学只满足了 34% 的学生需求,而今天它满足了 70% 以上的学生需求,但是纽约大学至少还需要两倍于当前数额的捐款援助,才能为纽约大学的学生提供同类院校通过几代人和数百年积累的捐赠基金所能够提供的援助水平,或者与纽约大学阿布扎比分校和上海纽约大学提供同等的援助水平。然而,在对由学费提供资金的经济援助进行数学计算时有这样一个经验,用最简单的话来表达:如果纽约大学将学费维持在 40,000 美元而不是 45,000 美元,那么它将能够向学校里较富有家庭的学生(当然还有其他所有学生)发相当于 5,000 美元的奖学金。如果将学费提高到 45,000 美元并使用其产生的差额(5,000 美元)为年级里 80% 较贫穷的学生提供奖学金,那么 20% 较富有的学生将需要支付额外的费用,而 80% 较贫穷的学生将(平均)获得 6,350 美元的奖学金,比起第一种情况,这种情况将奖学金提高了 1,250 美元。由学费提供资金的经济援助就是这样运作的。这些数字揭示了"限制"或"扁平化"学费(且不增加补贴)的有害影响,或是倡导这种行为会产生的有害影响。

幸运的是,纽约大学这种经济援助相对不足的情况并没有影响学生(即使是经济困难的学生)选择纽约大学。在最近入学的年级里,22% 的纽约大学本科生有资格获得佩尔助学金,同类学校里的可比人数集中在 11%~14% 之间。19% 的纽约大学本科生是家里第一个上大学的。在纽约大学坦顿工程学院,今年入学的学生中有接近 40% 是家里的第一代大学生。这些学生真的很想到纽约大学学习,他们当中很多人都是通过边工作边上学的方式来实现这一目标的。纽约大学里有 30% 的本科生在做两份工作,约 12% 的人在做三份工作,这些统计数据充分说明了这些学生在纽约大学的教育中看到的价值。大多数人本可以通过全额奖学金或者较低的净学费就读于另一所学校,但他们希望得到社会中富有的孩子都想要的东西：去适合个人激情和才能的学校上学。

然而，我非常担心那些工作太多的学生无法充分利用大学的优势——注册他们想上的所有课程，不仅仅是那些与他们的工作安排相兼容的课程；参加俱乐部和各种团队；以及在纽约大学的海外学习中心度过一两个学期。凭借以收入为基础的贷款计划，这些学生及其家庭就可以使用政府贷款来支付纽约大学的教育费用，因为他们知道需要偿还的债务将被限制在他们可支配收入的10％以内。这样，他们就能够像富裕的同学一样充分利用这里的教育资源了。

在这样的模式下，经济富裕的学生会支付全额学费。为了以广泛的生活经验吸引优秀的学生，学校会尽力为一些学生提供充足的经济援助来帮助他们支付学费。一些贫穷的学生可以获得足够的经济援助而不需要再支付学费。从学生的角度来看，如果按照此处讨论的提议，那么在纽约大学里除了5％的学生之外，其他所有学生的还款义务都将根据收入的情况而定。如果纽约大学的教育对某个学生是最好的，那么他或她将无需（因经济问题）放弃纽约大学。

世界上百万人的呼声

自从2016年1月我回到纽约大学任教以来，我花了很多时间来想办法解决这个令人羞愧的现实问题——世界上有将近60,000,000万名学龄儿童失学。[32] 在这个令人沮丧的数字上,还要再加上一千多万流离失所的青少年(世界上每10秒钟就有一名儿童无家可归):他们原本在学校里上学,但却在流离失所中被迫中断了教育(且很可能无法再恢复)。[33] 一旦他们到达难民营,平均就会在那里待上十年。例如,在土耳其、黎巴嫩和约旦境内的叙利亚难民中,有数十万名青少年在内战前是在中小学读书的,但他们现在却无法再继续上学,[34] 全世界有十万多名年龄较大的叙利亚难民青少年已经具备了上大学的条件,但却无法接受大学教育。[35]

这场危机是由人才浪费和教育机会不足导致的灾难,令人无法理解,在道义上也是站不住脚的。这些数字加起来代表了人类很大一部分——超过5亿名儿童,我们的世界无法承受失去这一代年轻人的代价。这个问题不像癌症或者气候变化,必须要找到治疗方法或解决方案才能解决问题,因为我们已经清楚地知道了如何为儿童提供教育。

成本不是障碍,或者说至少它不应该成为障碍。2017年7月,20国集团领导人在德国汉堡举行会议,他们同意英国前首相戈登·布朗倡议的国际融资计划。从全球范围来看,少量资金(估计每年100亿美元的国际援助,大约是目前拨给卫生援助的一半)就可以支持全世界中小学教育实现重大进步。这个数额比联合国成员国一天的军费开支还要少,比一艘航空母舰的成本还要低。[36]

如果我们能够成功地为这亿万被忽视的孩子提供中小学教

育，那么下一个挑战就是为那些渴望继续学习的人提供大学和研究生教育。现在是时候开始为这种需求的激增做准备了。在下一个阶段，技术会发挥重要作用，实际上，技术也必须发挥这样的作用，以应对数以百万计（希望是数以千万计）新增学生的涌入。像民众大学这样的项目已经指明了努力方向。那些使用技术开发系统为全球范围内提供大学教育的人应该注意，要为那些起步于在线教育，但展现出自己有能力攀登"阶梯"去获取更加全面教育的学生创造可能性。创造这种可能性比教导全世界儿童阅读和写作更为复杂，但是如果我们要留给后代一个更加公正的世界，那么我们就必须为这一代人以及那些追随我们脚步的人找到一条路。

在创造普世世界的过程中赋予所有人权力

十四年来，我有幸担任一所顶尖大学的校长，同时，我还担任了多个高等教育领域重要组织的董事会成员或主席。此外，作为一名每学年教授四门课程并且热爱学生的校长，我结识了数千名纽约大学的学生和他们的家人。我可以告诉大家，美国各个大学的校长与学生和他们的家人一样，希望以尽可能低的成本为学生提供最好的教育。总的来说，校长们努力探索出一些方法，旨在释放资金，用于经济援助，增强师资力量以及投入许多因知识扩展和新领域建立有必要研究的新项目。大学校长以使命为导向，其使命是促进知识的进步,并尽可能多地培养能够体验知识进步并以此为乐的毕业生。

我试图解释构建一个能够使更多人获益于大学强大孵化能力的系统需要哪些要素。在政府额外资源的少量投入下,这个系统既可以使学生与最有可能提高其发展水平的大学教育相匹配,又能为学生和社会提供合理的融资方式。如果我们采用具备这些要素的系统,我们将重申我们的传统承诺,即高等教育是一种公共物品,应该为每一个能够从中受益的公民提供机会。

我们的大学仅仅为世俗教条主义提供一剂解药是不够的。即使大学能够创造出一个世俗普世主义蓬勃发展的世界也还是不够的。我们还必须要求大学以及大学所培养的社会,使所有具备才能和渴望学习的人都有机会实现教育所提供的独特成就和幸福。只有这样,每个人才能够在普世的对话中拥有发言权。

结束语
不负于丽萨

结束时，让我重新回到开头。

是竞争性辩论第一次把我带到意义深远的对话世界里。在那里，思想、逻辑和智力碰撞至高无上。

随后，我有幸见证了这种对话在一群宗教领袖和神学家之间从凯旋主义到普世主义运动中所产生的影响。他们彻底改变了所有追随者的世界观。

我知道，这种对话可以改变我们的世界，因为这种对话立足于一种理解，那就是人类在一个共同事业中的联系和共存。如果在分裂如此之深和分立如此之久的宗教领域，可以打造一种团结的精神，那么肯定也有可能在一面共同的旗帜下，把公民团结在一起。也许有一天通过共同的人性，把公民团结在一起。

但是，有那么一些势力会阻碍这一崇高的努力。在这本书里，我描述了我曾看到社会对复杂问题和细微差别的过敏。现在，我看到的是一种世俗教条主义的炽热（在很多方面类似于我年轻时教会的宗教教条主义）。世俗教条主义潜在的毒性对我们社会的方方面面构成了严重威胁。正如奥巴马总统所说："我们的政治不是反映我们的价值观,而是像病毒一样感染着我们的社区。"如果有志之士现在还不开始行动,将来只会为时已晚。

我已论证,我们的大学,作为知识的引擎和思想的守护,是我们的希望。当然,威胁整个社会的力量也同样威胁着我们的大学。但大学有传统和结构可依,不仅可以战胜那些力量,而且需要提供一个对话和扩大知识的模式,以供社会效仿。

我所描述的全球性大学是大学的一种先进形式,其核心是致力于提供一种普世模式,通过开展对话的机制扩大理解。纽约大学阿布扎比分校和上海纽约大学,围绕着纽约大学在纽约的主校园,彼此紧密相连在全球可循环系统中,各自取得了可喜的成绩。它们的成功证明了全球性大学是可能的,并且对富有才华的师生具有很强的吸引力。在未来几十年里,纽约大学和其他效仿这一模式的学校,像对待校园里每一个新生事物一样,将对全球性大学模式不断改进。

设想,正如我们希望的那样,大学可提供的模式能够扭转世俗教条主义的普遍力量,并孕育我们渴望看到的对话世界。再设想,全球性大学的综合模式和普世模式变得更加普遍,这充分证明了大学有能力培养这样一个对话世界的领导层。那么,让任何有兴趣和有才能的人拥有在我们引以为傲的大学得以深造的机会,这将变得更加迫切。我认为,这种迫切性促使我们加倍努力,挖掘可能被忽视的人才,确保学生与适合自己才能的学校相匹配,消除可能的经济障碍,让有能力的学生在一所最适合他们的学校里深造。

我们已容忍今天可耻的财富集中，我们必须防范明天可能出现更可耻的知识和希望的集中。

这是我在本书中所提出论点之总和，也是自从查理召唤我执教后多年努力之总和。有些人会说我描述的世界遥不可及，尤其是在当下，但我已经看到了实实在在的结果。我看到，来自布鲁克林一所普通高中的一群年轻女性致力于辩论，并在激烈的辩论中掌握了对话的工具。我看到她们做得如此出色，以至于获得了五次全美冠军。

我看到，对话、理解和爱渗透在纽约大学纽约校园的犹太和穆斯林社区。他们现在经常聚集在一起，进行联合服务项目，并作为一个联合宗教社区聚集在"2000 安息日"。

我看到，先是纽约大学阿布扎比分校，然后是上海纽约大学，把来自世界各地不同层次的学生融入充满活力的社区。这些学生的天赋不少于世界上任何一所学校，他们在世俗的普世主义精神下成长。

我看到，纽约大学教职员工、学生、管理人员和董事们接受着世俗的普世主义，将其奉为一项使命，作为他们走向卓越的道路。

●

当我们展望文明社会的未来时，我们可以选择虚无主义或充满希望。作为一种有信仰和智慧的行为,我必须选择充满希望。

"9·11事件"之后,我们本可以有一个轴心时刻。这个时刻不仅属于我们,也属于整个世界,但我们却错失了良机,原因很复杂,包括出兵伊拉克及战后美国社会的分歧得以沉淀并长期延续。

尽管如此,我认为现在还为时不晚。纽约大学的琼·布雷顿·康奈利(Joan Breton Connelly)在"9·11事件"之后为她的学生写了一篇精彩的文章,后来她的文章发表在华尔街日报上。她雄辩地描述了"9·11事件"之后纽约和古雅典之间的相似之处。她的文字感人至深,直击心灵,她认为我们的未来会心想事成。在那之后的几年里,我经常重读她那充满希望的话语,以振作精神。我现在把她的话和这本书的读者分享,以此鼓舞大家。

> 公元前480年,波斯军队向雅典进军,后果不堪设想:雅典卫城彻底毁灭。这种毁灭不是发生在郊外战场上,而是发生在城市的中心。这次针对希腊人圣地神庙的恶毒袭击,达到了险恶的野心。它摧毁了希腊文化的象征,恐吓着无助的平民。
>
> 希腊人被这种难以言状的恶行惊呆了,他们让废墟闲置了三十多年。这个地点本是要作为一个纪念,以免人们忘记无情的敌人在希腊领土上犯下的暴行。
>
> 但在公元前447年,在大将军和政治家伯里克利(Pericles)的领导下,雅典启动了一项重建计划。从冰冷的灰

烬和废墟中升起了闪闪发光的白色大理石建筑。它们一直矗立到今天,向世人展示着希腊艺术和建筑的巅峰。帕台农神庙已经成为体现民主本身的文化标志。事实上,它是作为之前神庙的替代而建造的。

长远的历史视点是一个宝贵的希望之源。正是在悲剧之后,希腊人实现了他们最美好的时刻。伴随着帕台农神庙的重建,艺术、文学、戏剧、哲学、宗教和政治蓬勃发展,最终建立了政府的民主体制。雅典人通过建立崭新的革命性的自我牺牲概念来捍卫共同利益和应对外部威胁。这种新兴的利人主义纽带,强烈的社区认同感诞生了,这就是在逆境中团结一致。[1]

由此看今天,我们这一代人和我们的后代有可能达成这种认同和团结。我们处于一个看似黑暗的螺旋中,即使它对社会和大学造成了危险,我们也要抓住机遇,现在是把自己和社会推向更高境界的时候了。在一个多元化的文明社会中,这种境界,思想的境界,使我们与其他人产生差别。近年来,我们看到的是严肃问题被边缘化了。相反,我们需要的是把教条主义边缘化,使之无地生存。

认识到这一点,促使我们把研究型大学的作用放在首位。我们需要它们成为一种力量和榜样——提供不同的愿景,并对那些竞技场文化予以谴责。我们必须召集学术领袖和政治领导,推动真正的对话议程。从关注我们大学内部的对话质量开始,把那些在校园里至关重要的调研标准和习惯传播到美国人的生活中。

●

请允许我用个人的心声来完成这本书。

1975年,我辞去布鲁克林圣弗朗西斯学院宗教系主任的职位,也告别了和高中辩手一起努力的美好时光,开始在哈佛大学法学院深造的新历程。这个变化提升了我的生命——不仅是我的履历,还有我的生命。我在哈佛大学接受的教育很重要,没有哈佛大学,我不会成为今天的我。但真正的提升不是哈佛大学给我的教育,而是我在班上遇到了最美好的人丽萨·高登伯格。我们相爱了,从第一次牵手不到两个月我们就结婚了。三十多年来,我们的爱丝毫不减。

十多年前,在1月的一个星期日,她去世了。就在那一瞬间,没有任何警告。我们在一起度过了愉快的一天。或许是讽刺,或许是天意,我那天大部分时间都在准备下周要做的一次演讲。我将在演讲中讨论像理查德·道金斯(Richard Dawkins)和塞缪尔·哈里斯(Samuel Harris)这样的作者在市面上流行的书籍。这些书攻击了用头脑简单的视角去看拟人化的上帝,这些对我和数百万有信仰的人来说都是很陌生的。和往常一样,丽萨在帮我构思。下午 6 点 45 分,我问她是否想让我带饭回家。她说,她在读这篇文章,之后想和我讨论,让我半小时后再叫她。我回来时,她已经走了。我早些时候离开房间时,我们彼此说的最后一句话是:"我爱你"。直到今天,我依然珍惜那个爱的交换。

C·S·刘易斯(C. S. Lewis)在他很感人的那本《卿卿如晤》(*A Grief Observed*)一书中写下了他失去妻子的悲伤:

> 对于一对恋人,所有恋人,无一例外,丧偶是我们爱情经历普遍和不可分割的一部分。从求爱,到结婚,再到丧偶,或许像夏秋之季的变换。这不是一个过程的截至,而是其中的一个阶段;不是舞蹈的中断,而是舞角儿的替换。当她在这里时,我们被所爱的人"带出自己"。她作为悲剧人物,再次出现在舞蹈时,尽管她的身子已经消逝,我们必须学会依旧被所爱的人"带出自己",一如既往地爱她,而不是沉浸在我们的过去,记忆,悲伤,悲伤中的解脱,或自爱。

今天,我和丽萨依然共舞。在活着的每一天,我争取不负于丽萨的爱。我努力在有血有肉的现实世界中充分代表我和她。她远远超出我的才能,毕生致力于把在美国和在世界上彼此疏远的人们团结在一起,并在那个普世的世界里,赋予传统上没有声音的人们说话的权力。

我可能会认为自己是堂吉诃德,胡思乱想,愚蠢行事。但我不能这样想丽萨。所有认识她的人,了解她成就的人,也不会这样想丽萨。有她在我心中,我就有了勇气。

我看到我的学生们身载天赋和热情。我告诫他们,他们不应该着眼于"改变世界"。相反,他们首先应该在自己接受的价值观中找到平衡,然后自里向外(沿着儒家学说里不断扩大的关系圈),通过找到合适的生活伴侣来强化自己,然后再把自己的价值观建立在一个充满爱的家庭和朋友圈里。只有这样,他们才能逐步改变自己的城镇、城市、国家和世界。

我们的国家和世界正被那些人企图用一种强大的教条主义围困着——他们揭示的世俗真理——感染着我们的社会。束手投降不是我们的选择,因为投降不会产生任何结果,不管有多大的困难,我们都必须战斗。值得庆幸的是,我们还有大学。从大学的现状和潜力来剖析,我们看到了一种可能普及到全社会的模式。让我们首先呼吁大学实现其价值,并在大学里发展真正有普世主义精神的社区,为具有天赋和心怀希望的人提供深造的机会。然后,让我们走出大学,通过不断扩大社交圈子,把大学的价值观注入社会。

这不是一个异想天开的任务。这是一项至关重要的使命。

让我们联合起来——向前和向上——走向第二轴心时代。

致 谢

我感谢帮助我塑造这本书论点的所有同事。当然,我也感激我的学生们,六十年来他们不断丰富着我的生活。

我感谢我的同事和朋友简·麦考利夫(Jane McAuliffe),是她给我提供了美国国会图书馆2016"克格鲁"(Kluge)特邀教授的机会。这本书的大部分手稿是在那一年完成的。

我要特别感谢我挚爱的朋友们,他们花时间阅读了这本书的早期草稿。他们的评论帮助我改进了初稿,也明确了我的思路:瑞马·阿尔·穆卡拉布(Rima Al Mokarab),罗伯特·伯恩(Bob Berne),琳恩·布朗(Lynne Brown),亚瑟·布朗(Arthur Browne),吉姆·卡罗尔(Jim Carroll),朱尔斯·科尔曼(Jules Coleman),杰米·多伊奇(Jamie Deutsch),迪克·福利(Dick Foley),特里·哈特尔(Terry Hartle),罗恩·赫茨曼(Ron Herzman),乔纳森·萨克斯(Jonathan Sacks),艾伦·沙尔(Ellen Schall),以及詹姆斯·特劳布(James Traub)。

特别值得一提的是乔·康纳森(Joe Conason)和内莎·拉波波特(Nessa Rapoport):一年里,他们花了很多时间来督促我完成每一版草稿,并为每一稿做出了很大贡献。

我深切感谢英国前首相戈登·布朗(Gordon Brown),他是我珍视的朋友,感谢他对我一贯的慷慨以及他为此书(英文版)写的精彩前言。

我还特别感谢美国大学校长,我亲如兄弟般的罗伯特·伯达尔(Bobert Berdahl),他从一开始就培养了我对这本书的信心,并为中文版撰写了精辟的前言。

最重要的是,我要向我温暖美好的家庭一并致爱和感谢,是他们支撑和激励我相信一个充满爱的世界:我光彩夺目的三个孙女,朱莉娅(Julia),艾娃(Ava)和娜塔莉(Natalie);我的儿子,耶德(Jed),和他二十年依如一日的新娘,丹尼尔(Danielle);我的女儿,凯蒂(Katie);最后,丽萨(Lisa),是她创造了我们的共有世界,并指引我们每天都在成长和进步。

注 释

前言

1. Saint Brendan's High School，1980年停办的一所教会学校。

2. "Back to School: Older Students on the Rise in College Classrooms(重返学校：更多大龄学生出现在大学课堂)", NBC News, August 28, 2014, www.nbcnews.com/business/business-news/back-school-older-students-rise-college-classrooms-n191246.

第一章 教条主义、复杂性及公民对话

1. Dick Young, "Brooklyn Loses Dodgers to Los Angeles in 1957 (1957年道奇队抛弃布鲁克林落户洛杉矶)", New York Daily News, October 9, 1957, www.dailynews.com/sports/baseball/brooklyn-loses-dodgers-los-angeles-1957-article-1.2381894.

2. "Sharp Partisan Divisions in Views of National Institutions(不同党派之间对全国性机构的看法存在尖锐分歧)", People-Press.org, Pew Research Center, July 10, 2017, www.people-

press. org/2017/07/10/sharp-partisan-divisions-in-views-of-national-institutions/2.

3. Pierre Teilhard de Chardin, The Phenomenon of Man(人的现象), trans(译) Bernard Wall (New York: Harper Perennial Modern Thought, 2008).

4. Anthony Black, "The 'Axial Period': What Was It and What Does It Signify? ('轴心期': 它是什么和它的意义是什么?)", Review of Politics 70, no. 1 (Winter 2008), available at Simon Fraser University, www. sfu. ca/~poitras/rp_axial_08. pdf, 23 - 39.

5. Albert O. Hirschman, preface to The Rhetoric of Reaction (《反应的修辞》一书的前言) (Cambridge, MA: Harvard University Press, 1991), x.

6. "Political Polarization in the American Public(美国公众的政治两极化)", People-Press. org, Pew Research Center, June 2014, www. people-press. org/2014/06/12/political-polarization-in-the-american-public.

7. Shanto Iyengar, Gaurav Sood, and Yphtach Lelkes, "Affect, Not Ideology: A Social Identity Perspective on Polarization(不是意识形态, 而是影响: 从社会认同感的视角看政治两极化)", Public Opinion Quarterly 76, no. 3(January 2012): 405 - 31.

8. "The Partisan Divide On Political Values Grows Even Wider

（政治价值观上的党派分歧正在扩大）", Pew Research Center, October 2017, http://assets.pewresearch.org/wp-content/uploads/sites/5/2017/10/05162647/10-05-2017-Political-landscape-release.pdf, 1.

9. Hann Rosin, "Beyond Belief（难以置信）", The Atlantic, January-February 2005, www.theatlantic.com/magazine/archive/2005/01/beyond-belief/303667.

10. John Sexton, "We Must Protect the Law and Its Role from the Demagogues（我们必须保护法律及其作用不受煽动分子的影响）", Newsletter: Association of American Law Schools (November 1997).

11. Ibid.

12. Michael Barthel and Amy Mitchell, "Americans Attitude about the News Media Deeply Divided along Partisan Lines（美国人对新闻媒体的态度因党派不同而产生严重分歧）", Pew Research Center, May 2017, www.journalism.org/2017/05/10/americans-attitudes-about-the-news-media-deeply-divided-along-partisan-lines.

13. Corwin D. Smidt, "Polarization and the Decline of the American Floating Voter（美国浮动选民的分化与衰落）", American Journal of Political Science, October 2015, https://onlinelibrary.wiley.com/doi/epdf/10.1111/ajps.12218.

14. Richard Foley，Working without a Net：A Study of Egocentric Epistemology(无网工作：以自我为中心的认识论研究)(New York：Oxford University Press，1993).

第二章　传统大学作为对话的神圣空间

1. Fordham Alumni Magazine(福特汉姆大学校友杂志)(Summer 2004).

2. April Glaser，"Long before Snowden，Librarians Were Anti-Surveillance Heroes(早在斯诺登之前,图书馆员就是反监视英雄)"，Slate(June 2015)，www. slate. com/blogs/future_tense/2015/06/03/usa_freedom_act_before_snowden_librarians_were_the_anti_surveillance_heroes. html.

3. Institute of International Education，"2004 IIE Annual Report (国际教育院 2004 年度报告)"(2004)，https://p. widencdn. net/s1d3yn/2004-IIE-Annual-Report.

4. Catherine Morris，"Open Doors 2017 Executive Summary(国际教育院 2017 留美学者和学生信息公开摘要)"，Institute of International Education，November 2017，https://www. iie. org/Why-IIE/Announcements/2017-11-13-Open-Doors-2017-Executive-Summary.

5. Nick Anderson，"Report Finds Fewer New International Students on U. S. College Campuses(报告发现,美国大学校园的

新留学生数量在减少)",Washington Post,November 13,2017,www. washington-post. com/local/education/report-finds-fewer-new-international-students-on-us-college-campuses/2017/11/12/5933fe02-c61d-11e7-aae0-cb18a8c29c65 _ story. html? noredirect =on&utm_term=. c12683ba9ca7.

6. Elizabeth Redden,"Will U. S. Restrict Visas for Chinese Students?(美国是否会限制中国学生的签证)",Inside Higher Ed,March 16,2018,www. insidehighered. com/news/2018/03/16/reports-trump-administration-considering-limits-visas-chinese-citizens-cause-concern.

7. Bethany Allen-Ebrahimian,"300,000 Chinese Students Attend U. S. Colleges. What Will They Learn About American Life? (30万中国学生就读于美国大学。他们从美国人的生活里学到了什么)",Foreign Policy(October 2016),https://foreignpolicy. com/2016/10/07/300000-chinese-students-attend-u-s-colleges-what-will-they-learn-about-american-life-china-u-survey-backstory.

8. Elizabeth Redden,"Did Trump Call Most Chinese Students Spies?(特朗普称大多数中国学生是间谍)",Inside Higher Ed,August 9,2018,www. insidehighered. com/news/2018/08/09/politico-reports-trump-called-most-chinese-students-us-spies.

9. R. F. Hamilton and L. L. Hargens,"The Politics of the

Professors: Self-Identifications 1969—1984(教授的政治：1969—1984年的自我认同)", Social Forces 71, no. 3(1993): 603-27.

10. Neil Gross and Solon Simmons, "The Social and Political Views of American Professors(美国教授的社会政治观)", Conservative Criminology, September 2007, www. conservativecriminology. com/uploads/5/6/1/7/56173731/lounsbery_9-25. pdf, 59.

11. Ibid.

12. Ibid.

13. Michael Vasquez, "5 Takeaways from Turning Point's Plan to 'Commandeer' Campus Elections(从右翼社会组织"美国转折点"掌控大学学生会选举的五点计划)", Chronicle of Higher Education, April 2018 www. chronicle. com/article/5-Takeaways-From-Turning/243064.

14. Jon A. Shields and Joshua M. Dunn, Sr., Passing on the Right: Conservative Professors in the Progressive University(传承右派思潮：进步大学的保守教授)(New York: Oxford University Press, 2016), 60.

15. Stephen L. Carter, Civility: Manners, Morals, and the Etiquette of Democracy(文明：民主制度中的风度、道德和礼仪)(New York: HarperPerennial, 1999).

16. Mark Sherman, "As Others See Us(用他人的目光看自己)",

Psychology Today（December 2013）,www. psychologytoday. com/us/blog/real-men-dont-write-blogs/201312/others-see-us.

17. John Sexton, introductory speech to a university-wide forum,New York University,New York,2015. 2015 纽约大学全校讲坛开幕致辞.

18. "FIRE's 2017 Year in Review for Student and Faculty Rights on Campus(2017 年度'学校个人权利基金会'对校园里师生权利的回顾)", Foundation for Individual Rights in Education, December 28,2017,www. thefire. org/fires-2017-year-in-review-for-student-and-faculty-rights-on-campus.

19. "About Us('异端学院'的组织介绍)",Heterodox Academy, n. d. ,https://heterodoxacademy. org/about-us.

20. "FAQs(有关'异端学院'的经常问题)",Heterodox Academy, n. d. ,https://heterodoxacademy. org/about-us/faqs.

21. Lorelle L. Espinosa, Jennifer R. Crandall, and Philip Wilkinson,"Free Speech and Campus Inclusion：A Survey of College Presidents(言论自由与校园包容：对大学校长的调查)", Higher Education Today, April 9,2018, www. higheredtoday. org/2018/04/09/free-speech-campus-inclusion-survey-college-presidents/,69.

22. Emily Mace,"Eliot, Charles W. (1834—1926)(哈佛大学校长查尔斯·艾略特 1834—1926)",Harvard Square Library,

March 29,2014,www. harvardsquarelibrary. org/biographies/charles-w-eliot-harvard-university-president.

23. Jonathan King,"Chancellor Berdahl Speaks Out on U. S. Foreign Policy(加州伯克利大学校长伯达尔对美国外交政策的公开评论)",UC Berkeley News,March 18,2003,www. berkeley. edu/news/media/releases/2003/03/18_berdahl-war. shtml.

24. Ibid.

25. "University of Florida Estimates ＄600,000 Being Spent on Alt-Right Event Security(佛罗里达大学估计花费600,000美元为极右活动提供安全措施)",ABC 13,October 2017,http://abc13. com/politics/uf-says-it-is-paying-high-price-for-spencer-speech/2550945/.

26. Inside Higher Ed,"Survey of College and University Admission Directors(高校招生主任调查)",2017,www. insidehighered. com/booklet/2017-survey-college-and-university-admissions-directors,80.

27. William J. Stuntz,"Church and University:Maybe It's Time for the Enterprises to Join Hands(教会和大学:也许是它们携手合作的时候了)",SF Gate,January 9,2005,www. sfgate. com/opinion/article/Church-and-university-Maybe-it-s-time-for-the-2740271. php.

28. McDaniel v. Paty, 435 U. S. 618(1978). 美国联邦最高法院案例。

第三章 以普世主义世界为目标的大学

1. Karl Jaspers, The Origin and Goal of History(历史的起源和目的), trans(译) Michael Bullock (New Haven: Yale University Press, 1953).

2. Pierre Teilhard de Chardin, The Phenomenon of Man(人的现象), trans(译) Bernard Wall (London: Fontana/Collins, 1965), 262.

3. Ewert H. Cousins, Christ of the 21st Century(21世纪的基督)(New York: Continuum, 1998).

4. "英国首相戈登·布朗在肯尼迪图书馆发表外交政策演讲",肯尼迪总统图书馆暨博物馆,2008年夏,www.jfklibrary.org/About-Us/JFK-Library-Foundation/~/media/8812B42C96F04EBFB0B5C021549062C5.pdf.

5. Ibid.

6. Bruce Lambert,"纽约市4成公民来自美国之外",纽约时报,2000年7月24日,www.nytimes.com/2000/07/24/nyregion/40-percent-in-newyork-born-abroad.html.

7. "纽约市全部人口以及来自国外的人口",城市人口规划部门纽约市分部,www1.nyc.gov/assets/planning/download/pdf/data-

maps/nyc-population/historicalpopulation/1790-2000_nyc_total_foreign_birth.pdf.

8. 纽约市规划部,"纽约市雇佣模式：不断增长的经济体的发展趋势",纽约市官网,2016 年 7 月,https://www1.nyc.gov/assets/planning/download/pdf/datamaps/nyc-economy/employment-patterns-nyc.pdf.

9. 纽约州高等教育办公室,"2004—2012 年纽约州高等教育计划",www.highered.nysed.gov/swp/page7.htm.

10. 纽约独立院校及大学委员会,"人才汇聚：纽约独立教育领域吸引全美国的学生就学",文章基于美国教育统计中心高等教育数据系统的相关数据统计,https://www.cicu.org/publications-research/matter-fact/talent-magnet-new-yorksindependent-sector-attracts-students-across-united-states.

11. "《美国新闻与世界报道》年度排名",美国新闻与世界报道,2018 年,www.usnews.com/best-graduate-schools/top-medical-schools/research-rankings.

12. Kwame Anthony Appiah,"世界主义爱国者",批判探究 23, No.3(1997 年春季),www-jstor-org.proxy.library.nyu.edu/stable/pdf/1344038.pdf?refreqid=excelsior%3Ad246554661b23ce406afbc45f443556f, 617 – 39.

13. Ibid.

14. Jamil Salmi,"从无名到著名：建设世界一流大学",世界大学排名,2012年5月31日,www.timeshighereducation.com/world-university-rankings/2012/one-hundred-under-fifty/analysis/worldclass-university.

15. 全球高等教育,"大学视角:华威大学关于'国际教育和研究的挑战'的研究",2007年11月6日,globalhighered.wordpress.com/2007/11/06/university-viewpoint-universityof-warwick.

16. 耶鲁大学校长Rick Levin和教务长Peter Salovey给耶鲁社区的一封信,2011年3月30日,引自"新加坡国立大学协同耶鲁大学创建新加坡首个文理学院"的报道,耶鲁每日新闻,2011年3月31日,https://news.yale.edu/2011/03/31/nus-and-yale-create-singapore-s-first-liberal-arts-college.

17. John Endicott,"全球化在教育背景下的意义",韩国先驱报,2010年3月,www.koreaherald.com/view.php?ud=20100323000377.

18. 美国教育委员会,"全球领导力和全球参与的力量:21世纪的美国高等教育",2011年11月,www.acenet.edu/news-room/Documents/2011-CIGE-BRPReport.pdf.

19. Jonathan Sacks, "The Dignity of Difference: How to Avoid the Clash of Civilizations", Sacred Heart University Review 25, no. 1, art. 2(2008).

20. Mohamad Bazzi,"纽约大学在阿布扎比:党派交易",纽约时报,2017年9月26日,https://www.nytimes.com/2017/09/26/

opinion/nyu-abu-dhabi. html.

21. Ibid.

22. 纽约大学,"阿布扎比分校全球流动性调查函件(全球教育体系教授委员会)",2018 年 1 月,www. nyu. edu/about/leadership-university-administration/office-of-the-president/communications/exchange-of-letters-on-global-mobility-at-nyu-abu-dhabifaculty-committee. html.

23. Ariel Kaminer,"纽约大学阿布扎比项目工人遭遇恶劣环境",纽约时报,2014 年 5 月 19 日,www. nytimes. com/2014/05/19/nyregion/workers-at-nyus-abu-dhabi-site-face-harsh-conditions. html? hp.

24. Nardello & Co. ,"阿联酋萨迪亚特岛纽约大学阿布扎比项目施工期间有关劳动合规问题的独立调查报告",2015 年 4 月,www. nardelloandco. com/wp-content/uploads/information/nyu-abu-dhabi-campusinvestigative-report. pdf.

25. Ibid.

26. Impact Ltd. ,"纽约大学阿布扎比校区第三方劳动合规性监督报告",2018 年 5 月,https://nyuad. nyu. edu/content/dam/nyuad/about/socialresponsibility/compliance-monitoring-at-nyuad-report-may-2018. pdf.

27. Rima Al Mokarrab,荣获校长奖章,毕业典礼演讲,阿布扎比,2015 年 5 月。

28. 教育委员会诉艾伦案,392 U. S. 236(1968)。

第四章　最终要素：使有意义的入学机会普及大众

1. Camille L. Ryan and Kurt Bauman,美国的教育成就：美国人口普查局,2016 年 3 月,https://www.census.gov/content/dam/Census/library/publications/2016/demo/p20-578.pdf. 其他各国的相关数据,见《2017 年各国教育概览：OECD 指数》,世界合作与发展组织（OECD）图书馆,2017 年 9 月,http://dx.doi.org/10.1787/eag-2017-en.

2. John Henry Cardinal Newman, *The Idea of a University* (London: Longmans, Green, 1893).

3. Jaroslav Pelikan, *The Idea of the University: A Reexamination* (New Haven: Yale University Press, 1992),162.

4. Jake Bryant and Jimmy Sarakatsannis,为何美国教育已做好接受投资的准备? 2015 年 7 月,https://www.mckinsey.com/industries/social-sector/our-insights/why-us-education-is-ready-for-investment,163.

5. Christina Theokas and Marni Bromberg,脱颖而出：从高中和高级教育追随有较高学术成就的人,教育信托基金会,2014 年 4 月 2 日,https://edtrust.org/resource/falling-out-of-the-lead-following-high-achievers-through-high-school-and-beyond.

6. William G. Bowen, Matthew M. Chingos and Michael S.

McPherson, *Crossing the Finish Line：Completing College at America's Public Universities*（Princeton，NJ：Princeton University Press，2009）.

7. Chungseo Kang and Darlene Garcia Torres,研究快照：大学匹配不足,学位获得和少数族裔学生,美国教育研究协会,2018 年 4 月，www. aera. net/Study-Snapshot-College-Undermatching-Degree-Attainment-and-Minority-Students.

8. 纽约市教育局数据。

9. 大学咨询团提供的学生跟踪信息。

10. 大学咨询团提供的(美国)国家学生信息交换所数据。

11. Ibid.

12. Robert B. Archibald and David Feldman. *Why Does College Cost so Much？*（New York：Oxford University Press，2011）.

13. Robert B. Archibald and David Feldman,大学学费剖析,美国教育委员会，2012 年 4 月，www. acenet. edu/newsroom/Documents/Anatomy-of-College-Tuition. pdf.

14. Christopher S. Rugaber,大学毕业生与其他所有人的创纪录薪酬差距,今日美国，2017 年 1 月 12 日，www. usatoday. com/story/money/2017/01/12/pay-gap-between-college-grads-and-everyone-elserecord/96493348.

15. 大学委员会,高等教育的趋势：历年的学费,杂费和食宿费用，2018 年，https://trends. collegeboard. org/college-pricing/

figures-tables/tuition-fees-room-and-board-over-time.

16. 大学委员会,高等教育的趋势:历年来各部门全日制学生的平均净学费,2018 年,https://trends.collegeboard.org/college-pricing/figures-tables/average-net-price-over-time-full-time-students-sector.

17. Ibid.

18. Meta Brown et al.,以更广阔的视角来看学生的贷款违约问题,自由街经济学,纽约美国联邦储蓄银行,2015 年 2 月 19 日,http://libertystreeteconomics.newyorkfed.org/2015/02/looking_at_student_loan_defaults_through_a_larger_window.html.

19. Sandy Baum,*Student Debt: Rhetoric and Realities of Higher Education Financing*(New York: Palgrave Macmillan, 2016); Beth Akers and Matthew M. Chingo, Game of Loans: The Rhetoric and Reality of Student Debt (Princeton, NJ: Princeton University Press, 2016).

20. Stephanie Riegg Cellini,高薪聘用? 关于持营利性大学证书学生收入、就业和债务的新证据,布鲁金斯研究所,2018 年 2 月,www.brookings.edu/blog/brown-centerchalkboard/2018/02/09/gainfully-employed-new-evidence-on-the-earningsemployment-and-debt-of-for-profit-certificate-students.

21. David Autor,在"另外 99%"的人群中,技能、教育和收入不平等加剧,科学,2014 年 5 月,http://science.sciencemag.org/

content/344/6186/843.

22. 盖洛普,美好的工作,美妙的生活:2014 年盖洛普普度指数报告:一项针对全美超过 30,000 名大学毕业生的研究,普度大学,www. gallup. com/file/services/176768/GallupPurdueIndex_Report_2014. pdf.

23. Beth Akers,重新考虑关于学生贷款债务和房屋所有权的传统智慧,布鲁金斯研究所,2014 年 5 月,www. brookings. edu/research/reconsidering-the-conventional-wisdom-on-student-loandebt-and-home-ownership.

24. Stephen Burd,继续向上吗? 一项关于高等教育机会,成功和流动性的突破性研究,新美国基金会,2017 年 10 月,www. newamerica. org/education-policy/policy-papers/moving-on-up-series.

25. Christy Rakoczy,即付即用(PAYE):运作方式及资格认定,2018 年 3 月,www. studentloanhero. com/studentloans/student-loan-repayment/pay-as-you-earn-guide.

26. Ibid.

27. Governor Andrew M. Cuomo,2015 年集会日程:恢复经济的机会,2015 年 1 月 18 日,www. governor. ny. gov/ncws/2015-opportunity-agenda-restoring-economic-opportunity-2.

28. 联邦学生资助,联邦学生贷款组合,美国教育部,未注明出版日期,https://studentaid. ed. gov/sa/about/data-center/student/

portfolio.

29. David Jesse,政府预定了413亿美元的学生贷款收益,今日美国,2013年11月25日,www.usatoday.com/story/news/nation/2013/11/25/federal-student-loan-profit/3696009.

30. 国会预算办公室,通过教育改革促进真正的机会、成功和繁荣法案(H. R. 4508),2018年2月6日,https://www.cbo.gov/publication/53547.

31. David L. Kirp, *Shakespeare, Einstein, and the Bottom Line: The Marketing of Higher Education* (Cambridge, MA: Harvard University Press, 2004).

32. Kate Redman,2.63亿中小学学龄儿童和青年失学,全球教育监测报告,联合国教科文组织,https://en.unesco.org/gem-report/sites/gem-report/files/OOSC_press_release.pdf.

33. 联合国难民事务高级专员公署,即联合国难民署,2017年全球趋势:被迫流离失所,2017年,www.unhcr.org/5b27be547.pdf.

34. Relief Web,土耳其透露66万叙利亚难民儿童如何进入公立学校,2007年9月,https://theirworld.org/news/turkey-plan-will-get-all-syrian-refugee-children-in-school.

35. Elizabeth Redden,难民危机与高等教育,高等教育内参,2015年9月25日,www.insidehighered.com/news/2015/09/25/syrianrefugee-crisis-and-higher-education.

36. Jeff Daniels,海军下了130亿美金"重大赌注"的超级航母迫在眉睫时被视为昂贵的笨蛋,美国全国广播公司财经频道,2017年7月,www.cnbc.com/2017/07/22/ford-carrier-emblematic-of-navys-struggle-with-technologycosts.html.

结束语

1. Joan Breton Connelly,"The Athenian Response to Terror(雅典人应对恐怖)", Wall Street Journal, February 19, 2002, www.wsj.com/articles/SB1014086321226175240.

译者后记

刘虹霞

今年是"五四运动"一百周年。恰在此时,耶鲁大学出版了一本新书,书名为《据理必争:教条主义时代中的大学》。作者约翰·塞克斯顿是纽约大学前校长,上海纽约大学前副理事长,也是我敬重的同事。在这之前,我在纽约公出时拜访他,有幸看到这本书的草稿,欣然建议把它翻译成中文。

一百年前,在年轻的北京大学,蔡元培校长带来学术自由、思想独立、兼容并包、追求真理的新风,为中国教育改革和五四新文化运动培植新土。一百年后,在大洋彼岸,作为创办美国第一个全球校园体系的纽约大学老校长,约翰·塞克斯顿呼吁美国高校守护学术自由、思想独立、兼容并包、追求真理的学风,让大学成为当下美国社会世俗教条主义疾病蔓延的解药。正是这两位中美老校长无独有偶、穿越时空、不遂主流的共同追求打动了我,使我希望尽快把中文译本奉献给关心教育事业的读者。

这本书是一个难得的万花筒,我们看到的不只是美国一个全球顶尖大学的缩影,还有美国政治,经济,社会,宗教,历史和文化的方方面面。这本书也是一面魔镜,我们可以从美国大学当下面

译者后记

临的挑战,进一步反思中国大学目前的挑战和未来的机遇,从中得到一些有益的启示,继续为中华民族的复兴大业做出贡献。

我感谢上海纽约大学校长和理事长俞立中,华东师范大学哲学系教授童世骏对本书翻译的关怀与支持。感谢上海纽约大学文理学部赵中建副主任担任校对,以丰富的翻译经验争取把好质量关,也感谢翻译团队周雅明女士和王慧慧女士。我们作为一个团队,在过去一年的校园工作之余,义务奉献,齐心协力,因为我们对上海纽约大学的使命——"让世界成为课堂",充满了激情。

更要感谢华东师范大学出版社的团队。他们的热情,耐心,细致和周到,使本书能够顺利面世。十年前,华东师范大学出版社曾出版了《杜威全集》。如今,又出版约翰·塞克斯顿这本论述美国大学现状、挑战和前景的大作。华东师范大学出版社在推动中美教育和文化交流中是一个有目共睹的坚实桥梁。

本书的"前言"、第一章"教条主义、复杂性及公民对话"、第二章"传统大学作为对话的神圣空间"和"结束语:不负于丽萨",由刘虹霞翻译;第三章"以普世主义世界为目标的大学"由王慧慧翻译;第四章"最终要素:使有意义的入学机会普及大众"由周雅明翻译。

刘虹霞
上海纽约大学,2019 年底